COLEÇÃO
TESOUROS DA
IGREJA

PE. PAULO SÉRGIO CARRARA, C.SS.R.

O CREDO

Síntese da fé e da espiritualidade cristãs

EDITORA
SANTUÁRIO

Coordenação editorial:
Ana Lúcia de Castro Leite

Revisão:
Sofia Machado

Diagramação e Capa:
Mauricio Pereira

Dados Internacionais de Catalogação na Publicação (CIP) de acordo com ISBD

C313c Carrara, Paulo Sérgio

O credo: síntese da fé e da espiritualidade cristãs / Paulo Sérgio Carrara. - Aparecida : Editora Santuário, 2023.
128 p. ; 14cm x 21cm.

Inclui bibliografia.
ISBN 978-65-5527-377-9

1. Religião. 2. Cristianismo. 3. Amorosidade. 4. Oração. 5. Espiritualidade. 6. Igreja. I. Título.

2023-3229 CDD 240
CDU 24

Elaborado por Vagner Rodolfo da Silva - CRB-8/9410

Índice para catálogo sistemático:
1. Religião : Cristianismo 240
2. Religião : Cristianismo 24

1ª impressão

Rua Pe. Claro Monteiro, 342 – 12570-045 – Aparecida-SP
Tel.: 12 3104-2000 – Televendas: 0800 016 00 04
www.editorasantuario.com.br
vendas@editorasantuario.com.br

SUMÁRIO

INTRODUÇÃO

O Credo em nossa vida

Se perguntássemos a um cristão como ele resumiria o conteúdo fundamental de sua fé, o que diria? Certamente, falaria do ensinamento de Jesus sobre o amor, o perdão, a misericórdia. Resposta correta. Mas, se a pergunta fosse mais matizada: – *Mas, cristão, em que você realmente acredita? Quem é Deus para você? Que significa a pessoa de Jesus e do Espírito Santo? Por que existe a Igreja? O que espera para sua vida após a morte?*, será que alguém pensaria no Credo como resposta válida? Nós o rezamos em toda eucaristia dominical, todavia o recitamos de modo tão mecânico que sequer prestamos atenção em sua riqueza doutrinal e espiritual. Pois o Credo sintetiza o conteúdo da fé cristã e resume muito bem os ensinamentos do Novo Testamento, reunindo toda a Igreja em uma só fé e em uma só esperança. O Credo, além disso, apresenta os elementos fundamentais da espiritualidade cristã.

A liturgia nos apresenta o Credo em duas versões. A mais breve nós a designamos "Símbolo dos Apóstolos". A mais longa e mais complexa, nós a chamamos de "Símbolo Niceno-constantinopolitano". Mas que palavra difícil é esta? Ela quer dizer que esse símbolo vem de dois concílios da Igreja, o de Niceia (ano 325) e o de Constantinopla (ano 381), duas cidades antigas, nos quais são utilizados termos mais doutrinais, teológicos e filosóficos (consubstancial) para explicar o essencial da fé cristã. Trata-se de uma forma mais erudita de apresentar aquilo em que cremos. O texto de Constantinopla completa o de Niceia. O "Símbolo dos Apóstolos" é mais simples, nasceu em um contexto litúrgico-batismal, incialmente em forma de perguntas e respostas, ainda presentes no ritual do batismo. Tem feito parte da liturgia da Igreja há mais de mil anos. Chamamos o Credo de "símbolo", termo que vem do grego (*symbalein*) e significa "agrupar", "ajuntar", "reunir". O Credo "ajunta" as afirmações principais da fé e "congrega" todos os cristãos, os de ontem, os de hoje e os de amanhã. Os que pertencem à Igreja gloriosa, por sua vez, já consumaram a fé professada no Credo: vivem em comunhão definitiva com Deus e os irmãos.

De que fala o Credo?

O Credo tem uma estrutura trinitária, ou seja, ele nos fala do Pai, do Filho e do Espírito Santo. Atesta, assim, a verdade fundamental do cristianismo: a unidade de Deus em três pessoas. Se Deus é único, nós cristãos o confessamos como comunhão amorosa de três pessoas distintas: Pai, Filho e Espírito Santo. O Credo, porém, não somente afirma a existência de "verdades eternas". Ele também nos conta uma história, a história da salvação, da relação de Deus com os homens e as mulheres que ele criou. O Credo engloba toda a história da salvação, vai da criação do mundo e do ser humano por Deus até a realização plena da história no Reino definitivo. O personagem principal – o protagonista

– desta história é Jesus Cristo, o Filho de Deus que se encarnou, fez-se homem, anunciou o Reino, morreu e ressuscitou dentre os mortos no terceiro dia, enviou o Espírito Santo sobre seus discípulos e, assim, deu início ao tempo da Igreja, comunidade de seus seguidores que mantém viva a memória de Jesus no mundo no poder do Espírito Santo, até que Ele mesmo venha consumar a história do universo e dos seres humanos criados por ele.

O Credo, no entanto, não se reduz a um anúncio de verdades, nem apenas conta uma história. Faz tudo isso e vai mais longe. Exige um contínuo esforço de apropriação do conteúdo da fé por um "eu", no seio de "uma Igreja" que existe, por sua vez, no coração "da humanidade". Mais importante do que anunciar o conteúdo da fé, os cristãos são permanentemente convidados a se apropriar pessoalmente desse conteúdo, fazendo-o seu, vivendo-o e dando testemunho existencial de sua veracidade. Cada cristão reza o credo na primeira pessoa: – *Eu creio, no seio da Igreja e com a fé da Igreja, enquanto membro de uma humanidade que a ultrapassa, mas que não está fora dos raios da graça de Deus que nos é oferecida em Cristo pelo Espírito.*

Por que tratar do Credo?

A princípio, podemos rejeitar o Credo, afinal, ele fala de "dogmas" da Igreja. Termo que, infelizmente, assume às vezes o significado de "imposição", "rigidez", "conservadorismo". O Credo, no entanto, enquanto síntese das verdades cristãs, não pretende se fechar no "dogmatismo". Ele nos fala de Deus e da comunicação de seu mistério a nós por amor; apresenta-nos um Deus que é, em si mesmo, amor (Trindade/Tri-unidade), que nos criou e não nos abandonou (salvação) e que permanece junto conosco, criando comunhão entre nós (Reino de Deus), em vista de nosso futuro absoluto nele (vida eterna). Se prestarmos atenção, veremos que o Credo nos presenteia com uma imagem de Deus que soa perfeitamente crível no mundo de hoje e que não se opõe a nenhuma verdade científica.

O mais importante no Credo se encontra no fato de ele nos apresentar o mistério de Deus, que é Pai, Filho e Espírito Santo. Infelizmente, para muitos cristãos, a Trindade parece mera abstração, distante da realidade. Deus emerge na experiência de fé de alguns apenas como "ser supremo todo-poderoso". As orações litúrgicas da Igreja, todas trinitárias, passam despercebidas. Ouvimos a nomeação de Deus como Trindade cada vez que vamos à Igreja, mas não assimilamos essa linguagem sobre Deus, a única possível a partir de Jesus Cristo, pois ele mesmo nos revelou o mistério da Trindade. No evangelho de João, Jesus afirma que o Pai o enviou. Diz o que ouviu do Pai e vai para o Pai em sua morte e ressurreição. Uma vez glorificado pelo Pai, de junto dele envia o Espírito Santo. Portanto não fomos nós que inventamos a Trindade. Deus nos disse, por intermédio de Jesus, que Ele é Pai, Filho e Espírito Santo. Falar de um Deus que é, em si mesmo, comunicação amorosa de pessoas e que deseja nos comunicar seu amor para que estejamos unidos entre nós a partir dele, seria, por acaso, alienação? Não é essa a mensagem central do evangelho? A boa notícia que Jesus veio nos trazer? Em um mundo que nos apresenta tantas referências possíveis, em todos os setores da vida, inclusive no religioso, precisamos de clareza para viver como discípulos-missionários de Jesus Cristo. O Credo, se o compreendermos, oferecer-nos-á essa clareza de que tanto necessitamos para viver uma autêntica vida cristã.

O Credo foi comentado por grandes teólogos ao longo da história da Igreja. O Catecismo da Igreja Católica oferece um grande comentário ao Credo, explicando sua origem e seu significado para a vida cristã. Cada artigo do Credo traz um longo comentário, em uma linguagem acessível, mas ainda considerada difícil para a maioria dos cristãos. O breve comentário deste pequeno livro procura apenas traduzir, em linguagem ainda mais simples e catequética, o conteúdo central do Credo. Outros autores fizeram o mesmo com excelentes resultados. Para que o texto tivesse consistência e não se afastasse da fé da Igreja, documentos do Magistério da Igreja e escritos teológicos sobre Credo foram consultados. O papa Bento XVI, quando ainda era jovem teólogo, escreveu um livro de teologia que é considerado um clássico pelos teólogos: *Introdução ao Cristianismo. Preleções sobre o Símbolo Apostólico*. Nesse livro, Ratzinger comenta o Credo com alta competência teológica. Mas a erudição do livro torna sua compreensão difícil para quem não foi iniciado na teologia, não obstante a clareza e precisão de linguagem. Dada a profundidade desse livro, algumas afirmações de Bento XVI foram citadas literalmente. Além de Ratzinger, outros comentários ao Credo foram consultados, como poderá ser constatado na bibliografia. Optamos, no entanto, por não citar autores no meio do texto, como se faz normalmente em um texto científico. Preferimos proporcionar uma leitura mais fácil e fluente. Evidentemente, o objetivo deste livro não é propor um estudo teológico-científico do Credo, mas tentar apresentar seu conteúdo fundamental de maneira que possa ser assimilado pelo leitor.

1

CREIO EM *DEUS PAI* TODO-PODEROSO

Quem é Deus para nós?

O que Jesus revela sobre Deus?

E quem somos nós, os cristãos e os seres humanos, à luz da revelação que Jesus faz sobre Deus?

Creio em Deus – Creio *em um só* Deus

A primeira afirmação do Credo diz respeito a Deus e procura mostrar qual a compreensão que nós cristãos temos de Deus. ***"Creio em Deus Pai todo-poderoso"*** (símbolo apostólico). O símbolo niceno contém pequeno acréscimo: ***"Creio em um só Deus, Pai todo-poderoso"***. Por que a especificação *um só Deus*? No Antigo Testamento (AT), o povo vivia tentado pelos ídolos pagãos, deuses falsos aos quais alguns prestavam culto a fim de conseguir favores (cf. 1Rs 21). Os ídolos são deuses manipuláveis segundo necessidades egoístas. Depois, em seu encontro com a cultura grega, os cristãos se depararam com o politeísmo, que é a crença na existência de vários deuses. Talvez por isso a precisão: *creio em um só Deus*. **O único Deus é aquele revelado em Jesus Cristo: Pai, Filho e Espírito Santo. São três pessoas em uma unidade de essência.** A palavra é difícil, mas o significado nem tanto: a diferença está nas pessoas que estão unidas entre si por uma mesma substância. O cristianismo se caracteriza como monoteísmo (um só Deus) trinitário (três pessoas). Na verdade, nós cremos em um só Deus, que são três pessoas (Ele é comunhão e autodoação absolutas). Ele é amor antes mesmo de se manifestar a nós. Se crermos *em um só Deus* e nossa fé for autêntica, renunciaremos à idolatria de tudo aquilo que pode substituir o verdadeiro Deus em nossa vida, sobretudo à ambição, aos ideais de sucesso, de glória mundanos; esses são deuses falsos aos quais não queremos prestar culto. Infelizmente, muitos contemporâneos nossos se entregam a esses deuses com uma confiança total e inabalável, esquecendo-se do verdadeiro Deus.

Creio em Deus Pai

Como sabemos que Deus é *Pai*? Por que nós cristãos chamamos Deus de *Pai*? A resposta é simples: Assim Jesus nomeou Deus; ele sempre chamava Deus de *Pai*? O termo Pai, no AT, aparece atribuído a Deus algumas poucas vezes, sempre em sentido metafórico. Deus é Pai porque libertou o povo do Egito e fez com ele uma Aliança no deserto, ou seja, Ele agiu *como se fosse* um Pai para Israel. No Novo Testamento (NT), o termo Pai é a palavra que melhor define Deus. E tal utilização vai crescendo na medida em que nos evangelhos vão sendo escritos: 4 vezes em Marcos; 17 em Lucas; 30 em Mateus; o recorde fica com João, 120 vezes. **Jesus jamais se dirige a uma divindade ou a um poder supremo. Seu Deus é uma pessoa que ele chama de *Abba* (Palavra que significa Paizinho ou Pai querido). No NT, Deus se manifesta como um Pai que tem um único Filho: Jesus Cristo.**

Jesus tem um modo muito especial de se relacionar com Deus. Sua vida encontra sua explicação última no mistério do pai, fonte de seu ser, de sua vida, de seu agir. **Os cristãos das primeiras comunidades, ao pronunciarem o nome de Deus, pensam no Pai de Jesus Cristo. Se Jesus é o Filho de Deus, Deus deve ser chamado de Pai (cf. 2Cor 1,19; Gl 2,20).** São Paulo atribui sua conversão ao fato de Deus ter nele revelado seu Filho: "Houve por bem revelar em mim seu Filho" (Gl 1,16). Deus enviou seu Filho na plenitude dos tempos (cf. Gl 4,40). Há muitos textos que qualificam Deus de Pai: "Bendito seja o Deus e Pai de Nosso Senhor Jesus Cristo" (2Cor 1,3). "Existe um só Deus, o Pai, de quem tudo procede e para o qual caminhamos, e um só Senhor, Jesus Cristo, por quem tudo existe e para quem caminhamos" (1Cor 8,6). O nome Deus, no NT, indica aquele que é o Pai de Jesus Cristo.

O evangelista João tem preferência pela designação Pai. O Deus do Quarto Evangelho é aquele do qual Jesus é o Filho (cf. Jo 5,25; 10,36; 11,4). O Pai envia o Filho ao mundo (cf. Jo 13,16). Jesus veio do Pai (cf. Jo 8,42; 16,28). Deus e Pai são palavras que, para João, querem dizer a mesma coisa. O Verbo (o Filho) desde sempre estava com Deus (cf. Jo 1,1). O Filho unigênito está no seio do Pai (cf. Jo 1,18). Só o Filho viu o Pai (cf. Jo 6,46). Na Páscoa, Jesus passa deste mundo ao Pai (cf. Jo 13,1; 20,17). A revelação do Pai se dá no Filho que ele mesmo enviou. E não há outra razão para esse envio, a não ser o amor de Deus: "Nisto se manifestou o amor de Deus por nós: Deus enviou seu Filho único ao mundo para que vivamos por ele" (1Jo 4,9). **Antes de vir ao mundo, Jesus, o Verbo, já era o Filho e estava em uma relação de amor com o Pai. A encarnação de Jesus significa**

que o Filho assumiu nossa humanidade. Desde então, nossa humanidade está no Filho – e estará para sempre.

A relação de Jesus com seu Pai se mostra tão especial, que ele fala de Deus como *meu Pai* e *vosso Pai*. No Evangelho de João, no relato da aparição do ressuscitado a Maria Madalena, Jesus ordena: "Vai, porém, a meus irmãos e dize-lhes: subo a *meu Pai* e *vosso Pai*; a meu Deus e vosso Deus" (Jo 20,17). Também em Mateus, Jesus utiliza as expressões *meu Pai* e *vosso Pai*: "Se vós, que sois maus, sabeis dar boas dádivas a vossos filhos, quanto mais *vosso Pai* que está nos céus dará coisas boas aos que lhe pedem!" (Mt 7,11). E: "nem todo aquele que me diz Senhor, Senhor entrará no Reino dos céus, mas sim aquele que pratica a vontade de *meu Pai* que está nos céus" (Mt 7,21). **Estes exemplos mostram que, de fato, a relação de Jesus com o Pai, que aparece, sobretudo, em suas orações, tem um caráter único. Apesar de Jesus afirmar que Deus é Pai de todos, ele revela que Deus é, antes de tudo, seu Pai.**

Creio que Deus é nosso Pai

Jesus é, desde toda a eternidade, o Filho de Deus. "Ninguém jamais viu a Deus: o Filho Unigênito que está no seio do Pai, este o deu a conhecer" (Jo 1,18). Mas o Filho único, ao assumir nossa condição humana, deu-nos acesso à paternidade de Deus para nos tornarmos também filhos de Deus. Jesus, enquanto primogênito, foi gerado primeiro para se tornar irmão de muitos (cf. Rm 8,29). Quem foi batizado no Cristo se revestiu de Cristo (cf. Gl 3,26). **Segundo Paulo, os cristãos são constituídos filhos de Deus por adoção (cf. Rm 8,14-17), porque se tornam filhos no Filho. A filiação dos cristãos é uma filiação real, porque em Cristo nos tornamos verdadeiros filhos de Deus.**

A filiação do cristão é carregada de realismo: "Vede que manifestação de amor nos deu o Pai, sermos chamados filhos de Deus. E nós o somos!" (1Jo 3,1). Somos *nascidos de Deus* (cf. Jo 1,12-13; 3,1-11; 1Jo 2,29–3,10; 4,7; 5,1; 5,18). O Filho nos comunica sua filiação e, nele, somos filhos e podemos chamar Deus de Pai. E que que tipo de Pai Deus é? Em Lc 15,11-32 encontramos uma resposta. **Jesus nos conta uma parábola sobre o Pai que acolhe o filho que se perdera. O Pai o acolhe com amor, ternura, benevolência e misericórdia infinita**. Podemos, então, confiar em um Pai que trata dessa maneira seus filhos. Ele só quer e só faz o que é melhor para nós. Seu perdão fica a nossa disposição, basta que o aceitemos para que aconteça em nossa vida e a transforme.

Quando converso com Deus em minha oração, consigo chamá-lo de Pai? Sinto-me, de fato, um filho querido ou filha querida do Pai de Jesus? Essa é nossa identidade mais profunda: somos filhos de Deus, irmãos de Jesus e irmãos de todos os seres humanos. Faria bem a nossa espiritualidade se aprendêssemos a chamar Deus de Pai, com confiança filial, assim como fez Jesus. Isso encheria nosso coração de alegria e daria uma orientação mais otimista a nossa vida, fundada na bondade de nosso Pai, que nos chamou à vida e quer sempre nosso bem. Nossa vida cristã tem uma dimensão vertical, pois, em Jesus, por graça do Espírito, somos filhos de Deus. Mas há também uma dimensão horizontal: Em Jesus, somos todos irmãos. O próprio Jesus considerou-se irmão de todos (Mt 18,15; 25,40; Mc 3,31-35). Daí o anseio do papa Francisco para a humanidade: que os seres humanos se compreendam e vivam como irmãos: "Desejo ardentemente que, neste tempo que nos cabe viver, reconhecendo a dignidade de cada pessoa humana, possamos fazer renascer, entre todos, um anseio mundial de fraternidade" (*Fratelli Tutti*, n. 8).

2

CREIO EM DEUS PAI *TODO-PODEROSO*

Em que consiste o poder de Deus?
Ele poderia fazer o mal?
Deus poderia não amar?

Deus *todo-poderoso – onipotente*

"C**_reio em Deus Pai todo-poderoso_**", rezamos no símbolo apostólico. **_"Creio em um só Deus, Pai todo-poderoso"_**, no símbolo niceno-constantinopolitano. Já dissemos que, no evangelho de João, os termos Pai e Deus são praticamente sinônimos. Os gregos chamavam Deus de *Zeus*, o pai de todos os deuses e dos seres humanos; os babilônios o denominavam *Marduk*, que os protegia. Jesus nos revelou o verdadeiro nome de Deus: *Pai*. **Em seu mistério, Deus é Pai e nos envia seu Filho para nos revelar quem ele é e o que espera de nós: que sejamos seus filhos e suas filhas, no Espírito Santo, que foi enviado por Jesus em sua ressurreição.**

Quando rezamos o Credo, afirmamos que nosso Deus, o Pai, é todo-poderoso. Afirmação que traduzimos, de maneira espontânea, do seguinte modo: *Se Deus pode tudo e me ama, ele necessariamente me dará tudo o que eu quero.* Ou seja, resolverá todos os meus problemas e transformará minha vida em um verdadeiro oásis, sem sofrimentos e dificuldades. Infelizmente, muitos hoje *coisificam* a graça de Deus. Ela se transforma em coisas materiais e sucessos pessoais, de todos os tipos, que Deus nos dá. E quando não recebemos exatamente aquilo que pedimos, nossa fé diminui e esmorece. É comum ouvirmos: - *Perdi a fé porque Deus não me deu o que eu queria, pedi tanto, rezei tanto, fiz tanta novena, promessa, peregrinação, mas não consegui nada e acabei descobrindo que Deus não é bom, pois se fosse, teria me concedido o que eu pedi.*

Esse raciocínio, de maneira mais sofisticada, faz que muitos desistam de acreditar em Deus, pois, se é bom, como permite que haja guerra, fome, corrupção, doença, desastre ecológico, tragédias etc. Se fosse realmente bom e todo-poderoso, o mundo seria uma maravilha. **De fato, para muitos, o problema do mal dá origem ao ateísmo, ou seja, leva muitos a não acreditarem em Deus. Por trás dessa visão, há uma forma equivocada de pensar a *onipotência* de Deus.** Aliás, se Deus pudesse tudo, mas não acabasse com a guerra, ele seria pior do que nós, que não acabamos com a guerra por falta de meios eficazes. Nós queremos e não podemos, Deus pode e parece não querer.

Deus onipotente

A afirmação central do cristianismo é esta: Deus é amor. O poder de Deus se encontra, portanto, em uma doação que não conhece limites. Ele é Pai que no amor (o Espírito Santo) gera o Filho e o envia para que assuma nossa humanidade para nos reconduzir a Ele. Deus é eterna comunicação amorosa. Seria um erro pensar o poder de Deus como possibilidade de fazer o que quiser, ou seja, como se ele tivesse um poder arbitrário. **O atributo *todo-poderoso* cabe a Deus, de nosso ponto de vista, porque ele é a origem permanente de todo o criado. Nele se encontra a origem de nosso ser, porque do nada nos chamou à vida, merece ser chamado *todo-poderoso*.** Por outro lado, Deus não pode jamais se negar a si mesmo (cf. 2Tm 2,13). E se Deus é essencialmente amor, então ele só pode amar. Deus só faz amar, eis o que aprendemos de Deus com Jesus.

A justiça de Deus no NT significa que ele é fiel a suas promessas e as cumpre com misericórdia e amor. Nas parábolas da misericórdia (cf. Lc 15), Jesus revela o que é mais próprio de Deus: amar e amar, e só amar. **Em que sentido Deus é *oni-impotente*, ou seja, sem poder? Há algo que Deus não possa fazer? Sim, ele não pode odiar, não pode fazer o mal. Jesus fez só o bem e nos ensinou a fazer o bem até a quem nos faz o mal.** Morreu intercedendo por seus algozes. São Luis Orione tem uma máxima que resume qual deve ser o comportamento do cristão a exemplo de Cristo: "*Fazer o bem a todos, sempre. O mal nunca, a ninguém*". Deus nunca faz o mal. Ele é, portanto, *oni-impotente*, porque sua onipotência é, na verdade, o frágil poder do amor. O que pode o amor? Somente amar.

Deus nos fez pessoas livres, porque quis construir conosco uma relação de amor. Só na liberdade é possível amar verdadeiramente. O amor não se confunde com obrigação, por isso carrega a marca da vulnerabilidade. Santo Agostinho dizia: "*Quem te fez sem ti não te salva sem ti*". Quer dizer que Deus nos criou para ele (salvação), mas deseja que acolhamos seu amor, sem nos constranger. Respeitou a liberdade de Jesus e a dos pecadores que o crucificaram. Não desceu o Filho da cruz. Não é bom dizer que o Pai permitiu a morte do Filho, porque quem permite também pode concordar, melhor afirmar que o Pai não interferiu na liberdade dos seres humanos que constroem a história. Mas Ele fez de Jesus vitorioso sobre a morte e o pecado pela ressurreição.

Mais ainda, Deus respeita a autonomia do mundo que ele mesmo criou com suas próprias leis imanentes. Não somos marionetes que ele manipula a seu bel-prazer. Seu desejo é construir conosco uma relação de amor e, para isso, precisamos ser livres, só assim nos tornamos aptos para acolher sua revelação em Jesus Cristo. Mas, por que tanta miséria no mundo, se Deus é bom? Não é, certamente, culpa de Deus, pois seu projeto para nós é outro, como nos mostra Jesus com o anúncio do Reino de Deus, que é justiça, paz, amor, fraternidade e liberdade. Jesus revela quais as intenções de Deus para as relações humanas, o que significa viver segundo o senhorio de Deus. Se o mundo vai mal, a culpa não é de Deus, mas nossa, porque não realizamos a vontade de Deus manifestada em seu Filho. **Nosso problema é que queremos contemplar, passivos, o agir maravilhoso e poderoso de Deus no mundo, quando, na verdade, ele nos pede para, com sua graça, construir um mundo melhor, como lemos em Mt 25.** Ele quer agir por meio de nós. Depende, portanto, de nossa liberdade transfigurar o mundo em Reino de Deus. Este é, aliás, o distintivo dos santos, que viveram em sua vida uma solidariedade desinteressada e ilimitada, como Jesus.

Se o poder de Deus é amor que se expressa na misericórdia, então não há lugar para termos medo de Deus. Ele não veio chamar os justos (cf. Mt 9,13). A ideia de uma perfeição de nossa parte que dispense a bondade e misericórdia de Deus não encontra lugar no cristianismo. Em Jesus, o próprio Deus assumiu a fragilidade de nosso corpo para nos amar com um coração humano. **Diante de um Deus que sofre na pessoa do Filho crucificado, não precisamos nos sentir condenados pelo poder de uma grandeza e perfeição sem misericórdia. Ele se compadece de nós na fragilidade do amor e seu desejo é enxugar nossas lágrimas (cf. Ap 21,4).** Resta-nos apenas nos deixar amar e perdoar por Deus.

Deus só pode fazer o bem, porque seu poder se resume no amor. Jesus diz que Deus faz o bem até a quem faz o mal e nos convida a fazer o mesmo. Jesus ensina que que Deus é *Abba*, Pai querido (cf. Mc 14,36; Gl 4,4-6), que a ninguém recusa seu amor, nem aos maus e injustos (Mt 5,45), que se mostra misericordioso, salvando o filho esbanjador sem castigá-lo (cf. Lc 15,22-24). Ele ama e suscita amor entre os homens, mostrando que nisto consiste a Lei e os profetas, ou seja, a própria salvação (cf. Mt 7,2; Lc 10,27-28). Aqui está a maior exigência para os cristãos: amar a todos, até os inimigos, como fez Jesus. Esse amor aos inimigos não se identifica com sentimentos. O amor que Jesus nos pede significa, portanto, uma postura ética, suscitada pela graça de Deus, que nos faz buscar sempre o bem de todos.

3

CREIO EM DEUS PAI [...], CRIADOR DO CÉU E DA TERRA

Quem criou o universo?
Como e por que ele foi criado?
Sobre esse assunto, fé e ciência se opõem?

Criador do céu e da terra

O Credo contém a síntese de nossa fé, mas representa uma armadilha quando entram em cena nossas projeções inconscientes, que o deturpam e não nos deixam ter uma fé adulta e madura. O Credo quer despertar nossa confiança em Deus e eliminar o medo que, às vezes, temos dele. Corremos sempre o risco de adorar a um Deus ídolo – um falso Deus – feito a nossa imagem e semelhança. Uma visão de Deus só é autêntica quando nos humaniza, ou seja, arranca-nos do medo e nos imerge em uma experiência de liberdade e de amor solidário.

O Credo, depois de afirmar que Deus é Pai todo poderoso, diz que Ele é criador "do céu e da terra" (símbolo apostólico); a expressão quer dizer "tudo o que existe para além de Deus". Muitos pensam que Deus criou o mundo e os seres vivos tais quais existem hoje. O relato da criação no Gênesis (cf. Gn 1,1-2,4) é interpretado em sentido literalista, como descrição exata do primeiro acontecimento do universo. Acontece que o livro do Gênesis não apresenta a criação em uma perspectiva paleontológica ou arqueológica; nem o Credo tem essa pretensão. **Nesse sentido, o Credo não está discordando das modernas teorias da evolução, como se o cristão devesse escolher entre aceitar a teoria da evolução ou acreditar na criação do universo por parte de Deus.** O Credo não se opõe à teoria da evolução, ele apenas propõe como artigo de fé que tudo aquilo que existe tem seu fundamento último no dom gratuito de Deus.

Os cristãos acolhem as informações que lhe chegam por meio das ciências, segundo a qual o universo tem, calcula-se, 15 bilhões de anos. A terra surgiu há 4,54 bilhões de anos, ou seja, 10 bilhões de anos depois. Houve um tempo no universo em que a terra não existia. No planeta, a vida começou há 3,5 milhões de anos. A vida humana é recente. O homem consciente, livre e responsável teria surgido entre 150 a 200 mil anos atrás. A história humana, diante da história do universo e da própria terra, é ínfima. Espécies se extinguiram antes do surgimento da vida humana. Cientistas estimam, mas aqui se trata apenas de uma hipótese, que o sol aquecerá a terra em uma temperatura suportável por mais uns 5 bilhões de anos. Nós podemos, portanto, ser cristãos e acolher a teoria da evolução. Cremos que Deus criou por meio da evolução. Mas Deus é uma causa transcendente, não detectável pela ciência. **A criação tem causas imanentes, explicáveis pela ciência, e causas transcendentes, que a ciência não atinge, porque Deus não é uma causa entre as outras, ele atua no mundo como seu fundamento, dando o ser a tudo o que existe.**

O mundo existe porque Deus quis e ele o quis por amor, eis o que professamos no Credo. A criação de Deus é pura gratuidade, pois não existe nada que possa obrigar Deus a fazer isto ou aquilo. Em Deus não há necessidade, ele é pura liberdade. Acreditamos que ele criou *do nada*, ou seja, não havia o universo e o tempo antes que Deus os criasse. Os seres humanos só podem criar a partir de uma matéria prévia. Na verdade, eles produzem a partir do criado. Deus produz a partir *do nada*, ou seja, ele *cria*. Só ele é, em sentido estrito, *criador*, ou seja, a origem de tudo, do espaço, do tempo e da possibilidade de vida. Mas o mundo não foi criado como existe hoje. Deus deu ao criado a possibilidade de ser mais, de evoluir rumo ao surgimento dos seres humanos, seus representantes na terra, os únicos com os quais ele estabelece um diálogo salvífico-amoroso. No Gênesis, lemos que Deus criou os animais "segundo sua espécie" (cf. Gn 1,25), mas o ser humano ele criou "a sua imagem e semelhança" (cf. Gn 1,27). **O ser humano é, pois, o ápice da criação. Deus o criou para si, para fazê-lo participante de seu amor. O amor se revela a razão última da criação.** Deus quis sair de si para difundir seu amor, para que outros fossem felizes com ele.

O poder criador e recriador de Deus acompanha a história. Essa criação, na qual nós estamos, sempre recomeça, porque Deus não apenas criou, ele cria, recria, sustentando o universo com seu poder misericordioso. Deus é infinitamente criativo. Não se repete em nenhuma de suas criaturas. Cada folha que cai é diferente de todas as outras que já existiram. Cada ser é único. Mas o ser humano, infelizmente, tem poder para destruir o planeta pelo uso indevido dos recursos naturais. O papa Francisco, em sua encíclica sobre o cuidado com a casa comum

(Laudato Si'/Louvado sejas), faz um apelo à humanidade inteira para que salve a terra por meio de uma solidariedade globalizada. Precisamos salvar a terra, criação de Deus, para garanti-la às gerações futuras. Mas não só. Toda a obra de Deus está destinada a honrá-lo e glorificá-lo para sempre. **A criação de Deus, por si mesma, merece ser respeitada, pois participa do plano salvífico de Deus e está destinada a participar da plenitude que ele é. Ela tende à "glória dos filhos de Deus" (cf. Rm 8,21).** Enquanto querida e desejada por Deus, a criação não pode falhar, porque, não obstante a maldade que possa haver no mundo, a obra de Deus é boa (cf. Gn 1,4.10.12.18.21.25) e a ela está reservada um final feliz. A criação de Deus não fracassará.

De todas as coisas visíveis e invisíveis

O Credo (símbolo niceno-constantinopolitano) afirma, ainda, que Deus é criador do "universo visível e invisível". Hoje não gostamos muito de falar do mundo invisível. Ele nos parece irreal, porque somos, às vezes, por demais materialistas. O Credo, no entanto, propõe a existência do *invisível*. Em primeiro lugar, a expressão "de todas as coisas visíveis e invisíveis" faz alusão à totalidade do mundo criado. Mas a expressão se mostra libertadora ao desconstruir as representações de um mundo invisível que manipula o ser humano à custa de sua liberdade. O mundo invisível emerge na cultura popular – às vezes na erudita – como o mundo dos espíritos, dos mortos, das energias ou mesmo de deuses do bem e do mal que lutam entre si. Na antiguidade, o maniqueísmo pregava a existência de um Deus bom, origem do bem, e a de um Deus mal, causa de todos os males. Há os que acreditam na existência de gnomos, extraterrestres, almas penadas etc. Representações ainda muito presentes em nossa cultura e que mantêm muitas pessoas no medo e na dependência, adeptas de ritos supersticiosos que visam manipular as forças invisíveis para obter proteção contra os poderes maléficos e bênçãos dos poderes benéficos. Mesmo no cristianismo, essas práticas supersticiosas estão presentes, afastando as pessoas do essencial.

O Credo cristão nos liberta dessas representações supersticiosas. **Quando rezamos no Credo que Deus é *criador de todas as coisas visíveis e invisíveis*, estamos afirmando que a totalidade do mundo, visível e invisível, está submetida ao poder criador de um Deus de bondade e misericórdia.** Assim, a mensagem cristã expressa no Credo nos liberta do medo do mundo invisível e nos leva a confiar na radical bondade de Deus, porque, como diz São Paulo, "pois estou convencido de que nem a morte, nem a vida, nem os anjos, nem os principados, nem o presente, nem o futuro, nem os poderes, nem a altura, nem a profundeza, nem qualquer outra criatura poderá nos separar do amor de Deus manifestado em Cristo Jesus, nosso Senhor" (Rm 8,38-39). O mal existe, mas sabemos que não há um Deus do mal. Não há poder maléfico capaz, por ele mesmo, de nos separar da bondade e do amor de Deus manifestados em Cristo.

Os cristãos não devem fazer uma leitura fundamentalista da Bíblia, que não é livro científico, mas teológico. Explica, portanto, o sentido último da criação e não como o mundo foi, de fato, criado. A Igreja não nega informações científicas sobre a criação, mas sua doutrina se centra no sentido da criação dentro do plano salvífico de Deus. A criação se revela um bem que Deus criou para todos, por isso a Igreja fala da destinação universal dos bens criados. Infelizmente, a exploração sem limites dos recursos naturais tem provocado uma mudança climática (aquecimento global), que compromete a vida do ser humano no planeta. E todos nós a podemos constatar pelos desastres naturais que acontecem no Brasil e no mundo. Por isso o papa Francisco dá tanta atenção à ecologia integral, da qual depende o futuro do planeta e da humanidade. "O meio ambiente é um bem coletivo, patrimônio de toda a humanidade e responsabilidade de todos. Quem possui uma parte é apenas para a administrar em benefício de todos. Se não o fizermos, carregamos na consciência o peso de negar a existência dos outros" (*Laudato Si'*, n. 93-95).

4

CREIO EM DEUS PAI [...] E EM JESUS CRISTO, SEU ÚNICO FILHO, NOSSO SENHOR

Quem foi e quem é Jesus?
Jesus é realmente Deus?
Como acontece a relação de Jesus com Deus?

Jesus Cristo, Filho único de Deus Pai e nosso Senhor

Jesus é designado com vários títulos no NT: profeta, rei, mestre, rabi, messias, filho do homem, filho de Davi, Emanuel etc. A Carta aos hebreus ainda o chama de sacerdote e sumo sacerdote. Nós professamos que ele é o Cristo. Jesus é o nome natural do Filho de Deus, daquele que nasceu de Maria, mas tem um significado profundo: "Yahweh é a salvação". Seu nome expressa, assim, sua missão. *Cristo* quer dizer *messias*, ou seja, ungido e enviado para realizar as promessas de Deus a Israel. **A Igreja crê que em Jesus se cumpriram todas as promessas feitas a Israel. Ele é a plenitude da revelação de Deus que se deu na história do povo de Israel.** Confessamos, pois, que Jesus é o messias salvador.

O título Filho de Deus nos ajuda a compreender melhor o mistério de Jesus. **No início, Jesus foi considerado um grande**

profeta (cf. Lc 7,16; 9,19). Outros o proclamaram messias (cf. Mc 8,29). Ele é profeta e messias, mas o título *Filho de Deus* perpassa todo o NT. No Evangelho de Mateus, Jesus é anunciado com o nome de Filho (cf. Mt 2,15). No batismo, uma voz vinda dos céus proclama: "Este é o meu Filho amado, em quem me comprazo" (cf. Mt 3,17). O demônio tenta Jesus, apelando para sua condição de Filho (cf. Mt 4,4-6). Os discípulos reconhecem Jesus como Filho de Deus: "Verdadeiramente, tu és o Filho de Deus" (Mt 14,33). E, em outra passagem, é Pedro quem professa a filiação divina do Mestre (cf. Mt 16,16). Na transfiguração, Deus diz, mais uma vez, que ele é o Filho: "Este é o meu Filho amado, em quem me comprazo, ouvi-o" (Mt 17,5). E, na hora definitiva, Caifás pergunta a Jesus se ele é mesmo o Filho de Deus (cf. Mt 26,63).

Em Marcos, a filiação de Jesus se encontra no próprio título de sua obra: "Princípio do Evangelho de Jesus Cristo, Filho de Deus" (Mc 1,1). Sua narrativa chega a seu cume com a profissão de fé do centurião: "Verdadeiramente, este homem era Filho de Deus" (Mc 15,39). Segundo Lucas, o anjo diz a Maria: "O santo que nascer se chamará Filho de Deus" (Lc 1,35). A última palavra de Jesus no evangelho de Lucas é a de sua entrega ao Pai: "Pai, em tuas mãos entrego o meu Espírito" (Lc 23,46). Como em Marcos, Lucas proclama a filiação de Jesus no início e no fim de seu Evangelho (cf. Lc 1,35; 23,46).

João inicia seu Evangelho com o hino do Verbo encarnado: "E o Verbo se fez carne e habitou entre nós; e nós vimos sua glória, glória que ele tem junto do Pai como Filho único" (Jo 1,14). Este Filho único está voltado para o Pai: "Ninguém jamais viu a Deus, o Filho unigênito, que está no seio do Pai, o deu a conhecer"

(Jo 1,18). O primeiro epílogo de João diz: "Esses (sinais), porém, foram escritos para crerdes que Jesus é o Cristo, o Filho de Deus, e para que, crendo, tenhais vida em seu nome" (Jo 20,31). O Pai envia o Filho ao mundo (cf. Jo 5,36-37; 6,44. 57; 8,18; 12,49; 14,24). Jesus veio do Pai, saiu do Pai (cf. Jo 8,42; 13,3; 16,28). O Pai marcou Jesus com seu selo (cf. Jo 6,27). E os judeus querem matar Jesus não somente porque violou o sábado, mas porque chamava Deus de Pai, fazendo-se igual a Deus (cf. Jo 5,18).

São Paulo declara que o Pai é autor de sua conversão: ele "houve por bem revelar em mim seu Filho" (Gl 1,15). Depois da conversão, ele proclama Jesus, o Filho de Deus (cf. 2Cor 1,19). O evangelho de Deus diz respeito a seu Filho (cf. Rm 1,3). A morte de Jesus é a do Filho (cf. Rm 5,10). Na ressurreição, Jesus é estabelecido Filho de Deus com poder (cf. Rm 1,4). Paulo vive da fé no Filho de Deus (cf. Gl 2,20). Em muitas ocasiões, o apóstolo utiliza o título Filho de Deus (cf. 1Ts 1,10; Rm 1,9; 8,3.29.32; 1Cor 1,9; 15,28; Gl 4,6; 2Cor 1,19). **Para Paulo, Deus é o Pai de nosso Senhor Jesus Cristo, que só compreendemos quando aceitamos que Jesus é seu Filho**. Segundo a Carta aos Hebreus, Deus falou várias vezes e de muitas maneiras aos pais pelos profetas, mas nos últimos dias falou por meio do Filho, que é o resplendor de sua glória, expressão de sua substância, aquele que sustenta o universo e perdoa os pecados (cf. Hb 1,1-3).

Segundo Paulo, Jesus se torna, pela ressurreição, Senhor do universo, e o cristão, para ser salvo, deve confessar com sua boca o senhorio de Jesus e crer em seu coração que Deus o ressuscitou dos mortos (cf. Rm 10,9). Chamando Jesus de Senhor (cf. 1Cor 12,13; 2Cor 4,5; Fl 2,11), Paulo afirma que Jesus tem a mesma autoridade de Deus. Para nós, a confissão do senhorio de Jesus quer dizer que ele é o valor supremo e absoluto de nossa vida e a ele submetemos tudo o que somos e fazemos. E ele não é só "meu Senhor", mas "nosso Senhor", ou seja, há uma igualdade fundamental entre os cristãos e entre os seres humanos. Essa igualdade é propulsora da fraternidade e da solidariedade e não autoriza um cristão, por mais importante que seja seu cargo ou ministério na Igreja, se sentir melhor que os outros. No cristianismo, Jesus é o Senhor de todos e ninguém é senhor de ninguém, todos somos irmãos.

Jesus, Filho gerado, não criado

O Credo niceno-constantinopolitano aprofunda a afirmação do credo apostólico: *Creio em um só Senhor, Jesus Cristo. Filho unigênito de Deus, nascido do Pai antes de todos os séculos. Deus de Deus, luz da luz, Deus verdadeiro de Deus verdadeiro, gerado, não criado, consubstancial ao Pai. Por ele todas as coisas foram feitas. E, por nós, homens, e para nossa salvação, desceu dos céus*. Alguns, no início da Igreja, negavam que Jesus fosse Deus e diziam que ele era criatura de Deus. Jesus seria, portanto, inferior a Deus, no máximo seu mensageiro, seu embaixador; no melhor dos casos uma divindade de segunda categoria. Portanto não seria Deus o que contradiz a verdade do amor de Deus, porque o amor verdadeiro exige a entrega de si mesmo a quem se ama. Amar não é dar alguma coisa, mas dar-se a si mesmo; e é isso que Deus fez por intermédio do Filho: entregou-se a si mesmo a nós no amor na condição de servo.

O credo enfatiza a divindade de Jesus. Ora, se ele procede do Pai, ele é Deus. A luz que vem da luz também é luz. Ele nasceu do Pai, por geração, antes de todos os séculos. **Ele procede do Pai, é *consubstancial* ao Pai. Palavra originária da filosofia**

grega que talvez não diga quase nada para nós hoje. Ela quer apenas afirmar que Jesus tem a mesma natureza do Pai, ou seja, o Filho não é em nada inferior ao Pai. O Pai está na origem do Filho, mas o Filho também é Deus.

Por ele todas as coisas foram feitas. O Credo situa Jesus no início da criação. Segundo o apóstolo Paulo, Jesus Cristo é o princípio da criação, seu centro e sua finalidade (cf. Cl 1,15-20). **O mediador da salvação foi o mediador da criação. Tudo foi feito por Cristo (passado), tudo subsiste em Cristo (presente) tudo será para Cristo (futuro).** Em João, Jesus afirma: "Eu sou a vida" (Jo 14,6). A vida vem dele, sustenta-se nele e tende para ele que desceu dos céus para nossa salvação, de modo que só é possível entrar em comunhão com Deus por intermédio de seu Filho Jesus. E para que essa comunhão salvífica se realize, ele perdoa nossos pecados, destrói toda barreira que poderia nos separar do amor de Deus.

Só há um caminho para Deus, Jesus Cristo, seu único Filho. Ele vem do Pai e se encarna; na cruz se entrega ao Pai por nós, em nossa condição humana, assim ele não volta ao Pai sem nós. Ele vai ao Pai em nossa condição, que é glorificada nele. Jesus é, de fato, o Salvador, o único e definitivo Salvador do ser humano e merece toda a confiança de nosso coração e o compromisso de nossa vida. Com São Pedro, repetimos: "Senhor, a quem iremos? Tens palavras de vida eterna e nós cremos e reconhecemos que és o Santo de Deus" (Jo 6,68-69).

Como cristão, devo sempre me perguntar por minha relação com Jesus Cristo: "Quem é Jesus para mim: Sou realmente seu discípulo?" Sou chamado a encontrar Cristo na Igreja e seus sacramentos, mas também nos outros, sobretudo nos que sofrem.

No início de seu Pontificado, Francisco nos convida a renovar nosso encontro pessoal com Cristo. Quem dá um passo rumo a Jesus, descobre que ele já o esperava. É o momento de dizer a Jesus: "Senhor, deixei-me enganar, de mil maneiras fugi do teu amor, mas aqui estou mais uma vez para renovar minha aliança contigo. Tenho necessidade de ti. Resgata-me de novo Senhor, aceita-me novamente entre teus braços redentores". Tal amor é nossa maior dignidade e ninguém poderá nos tirá-la. Amor que nos permite levantar a cabeça e recomeçar. "Não fujamos da ressurreição de Jesus, não nos demos mais por vencidos, aconteça o que acontecer" (*Evangelii Gaudium*, n. 3).

5

FOI CONCEBIDO PELO PODER DO ESPÍRITO SANTO, NASCEU DA VIRGEM MARIA

Qual o papel do Espírito Santo na concepção de Jesus?
Qual a relação do Espírito com Maria?
Quem é o Pai de Jesus, Deus Pai ou o Espírito Santo?

Concebido pelo poder do Espírito Santo

A encarnação de Jesus se realiza por obra do Espírito Santo (cf. Mt 1,20; Lc 1,35). **O Espírito é o poder de Deus em ação, ele é, portanto, o poder gerador de Deus. Nele, Jesus é gerado no seio de Maria. O que nela foi gerado vem do Espírito Santo (cf. Mt 1,20).** O verbo no passivo afirma que a ação é de Deus – *foi gerado*. Deus gera seu Filho em nossa humanidade, em nossa fraqueza, simbolizada na virgindade de Maria. Afinal, uma virgem nunca poderia conceber. Há um impedimento real para que ela o faça. Não são poucos os autores que veem nessa virgindade de Maria o símbolo da fragilidade humana, sempre incapaz de gerar Deus por si mesma. Se, no seio de uma virgem, o Filho de Deus (cf. Lc 1,35) é gerado, só pode ser porque Deus se entrega a nós além dos limites de nossas fraquezas humanas. Nasce, assim, um homem "que é Filho de Deus, porque Deus o gera do Espírito no seio de Maria".

Esse artigo do Credo se centra na encarnação de Jesus, afirmando que ele é obra do Espírito em Maria. O verbo de Deus se torna, pela encarnação, também Filho do homem, título que, segundo os evangelistas, ele gosta muito de usar (cf. Mc 10,45). **Jesus é Filho de Deus (um com Deus, da mesma natureza divina) e filho do homem (um conosco, da mesma natureza humana), graças à força do Espírito Santo.** Aqui há um grave equívoco a evitar. Alguns pensam que Jesus é metade Deus e metade homem. Na verdade, Jesus é totalmente Deus e totalmente homem. Em Jesus, o Filho de Deus se fez homem. Deus é, desde sempre, Trindade, unidade de amor, o Filho faz parte da relação una e trina do amor Divino. Temos, às vezes, a tentação de pensar que a divindade de Jesus absorve sua humanidade, como o mar (divindade) absorve a gota d'água (humanidade), mas se trata de um engano, que termina desprezando a humanidade de Jesus.

Nasceu da Virgem Maria

Quando falamos da virgindade de Maria, entramos em um campo de batalha em que existem muitas hipóteses e opiniões teológicas. Era de fato virgem? E se Jesus fosse filho de José ou de algum outro homem, ele não teria sido concebido no poder do Espírito Santo? Não seria, por isso, o Filho de Deus? Maria precisava ser virgem para conceber Jesus? De fato, o nascimento de Jesus se dá em um clima de mistério. E nenhuma pesquisa histórica ou científica está em condições de dar uma resposta satisfatória. Nem mesmo as pesquisas bíblicas podem se aventurar a uma explicação definitiva, pois as Escrituras deixam lacunas nesse sentido. A Igreja afirma a virgindade de Maria. Não só a partir do texto do evangelista Lucas, onde se encontra a expressão de Maria: "Não *conheço* homem algum" (Lc 1,34-35), mas a partir de uma antiga tradição cristã. É sabido que o verbo *conhecer* significa muitas vezes, na Bíblia, ter relações sexuais. **Em Mateus (cf. Mt 1,18-25), Maria se encontra grávida antes de coabitar com José. Ela é noiva de José, mas ainda não vive com ele, portanto não teve ainda relações íntimas com ele. A Igreja viu nessas expressões uma concepção que se dá por obra do Espírito Santo (cf. Mt 1,20).**

Sabemos que a virgindade de Maria tem, nos textos dos Evangelhos, um significado teológico. Esse é, sem dúvida, o sentido mais importante, afinal as Escrituras Cristãs não tinham preocupação mariológica, mas cristológica, ou seja, estavam mais preocupadas com Jesus que com Maria, uma vez que Jesus, Filho de Deus, é o messias salvador. Os textos querem falar de Jesus. Eles dizem que Jesus é puro dom de Deus e não resultado da virilidade (força) dos homens. Não é por justiça de alguém (José, o esposo de Maria, é justo), nem por potência sexual do esposo, que Jesus é dado ao mundo. A iniciativa é de Deus; **Jesus nos é dado na mais pura gratuidade do Pai**.

Apesar de saber desse teor cristológico e não mariológico, a tradição da Igreja também afirmou, além do significado teológico, a virgindade biológica de Maria, acreditando que essa pertence à esfera do mistério de Deus. A virgindade de Maria aparece sumariamente afirmada em todos os Símbolos (Credos) da Igreja primitiva sem entrar nos detalhes sobre essa virgindade. Tais Símbolos foram o modo mais original da Igreja expressar sua fé em seus inícios. Hoje, o tema da virgindade se apresenta controvertido também dentro da teologia católica. Mas muitos teólogos acolhem o que afirma a Igreja sobre a virgindade de Maria, em seu duplo significado, teológico e biológico. E é o que a Igreja nos propõe para crer, segundo sua longa tradição.

Os evangelistas Lucas e Mateus narram o nascimento de Jesus a partir do AT, mostrando que ele se insere no quadro da história da Aliança de Deus com a humanidade. Jesus realiza as esperanças de Israel. O AT conhece nascimentos que se dão pela força de Deus e esses determinam pontos cruciais da história da salvação. O nascimento de Isaac (cf. Gn 18), de Samuel (cf. 1Sm 1-3), de Sansão (cf. Jz 13) acontece apesar de as três mulheres serem estéreis. Nesses acontecimentos, Deus intervém em vista da salvação de Israel. Sabemos hoje que esses relatos extraordinários fazem parte de um gênero literário chamado *relato de heróis*. O autor dificulta o nascimento para dizer que aquela pessoa é especial e para afirmar que sua ação no mundo será por uma missão divina. O mesmo acontece com Isabel, mãe de João Batista (cf. Lc 1,7-25.36). Depois vem Maria, que concebe Jesus.

Essas intervenções de Deus querem dizer que a salvação não depende de nenhum poder humano, mas é um dom absoluto de Deus, que realiza o impossível, exaltando os humildes e derrubando os poderosos (cf. Lc 1,52). A salvação se encontra na pura graça de Deus, que exige acolhida simples e generosa. O relato do nascimento de Jesus é semelhante aos anteriores. **Jesus é fruto do Espírito Santo e traz para a humanidade um novo início. Ele é um presente que vem do alto.** Nele o ser humano reencontra seu verdadeiro destino, por isso ele é o segundo Adão (cf. 1Cor 15,47). A origem de Jesus, segundo João, é o Pai. Ele é o Filho de Deus-Pai de um modo totalmente novo e inesperado. "E o Verbo se fez carne e habitou entre nós. E nós vimos sua glória, glória que ele tem junto do Pai como Filho único, cheio de graça e de verdade" (Jo 1,14). Ele é o dom mais precioso de Deus-Pai à humanidade.

Maria nos convida a acolher a graça de Deus na estrutura fundamental de nosso ser, graça que nos chega pelo Espírito e nos configura a Cristo, Palavra viva do Pai. **E o Pai, que gerou Jesus no seio de Maria, gera-o em nós para que, por meio de nossa vida, possamos expressá-lo no mundo pelo amor.** A geração de Jesus em Maria no poder do Espírito Santo é a mais alta demonstração do amor de Deus à humanidade, e a única forma que temos de gerar Jesus no mundo é assumindo uma vida em prol dos irmãos, pois assim viveu e morreu Jesus: em prol da salvação de todos.

O Espírito Santo gerou o Filho de Deus no seio de Maria, que acolheu plenamente a graça de Deus em sua vida. No batismo, o Espírito Santo gerou Jesus em nós para que possamos gerar Jesus no mundo, imitando sua vida de solidariedade com todos, sobretudo com os mais pobres e abandonados. Maria expressou sua relação com Cristo em todos os seus gestos e em todas as suas atitudes. Ela é, como diziam os Padres da Igreja, o que todos os cristãos devem ser enquanto discípulos de Jesus. Acolhemos a ação do Espírito Santo em nós, como Maria? Ela é mãe de Jesus e nossa mãe. O que aprendemos com Maria e como expressamos nossa devoção a ela?

6

PADECEU SOB PÔNCIO PILATOS

Jesus tinha de sofrer ou seu sofrimento foi provocado por razões históricas e políticas?

Os detentores dos poderes econômicos e políticos da época foram contra ou a favor de Jesus?

Qual o papel de Pilatos na condenação de Jesus?

Padeceu

O Credo, depois de afirmar que Jesus nasceu da Virgem Maria, afirma que ele padeceu. Há um salto, portanto. E a vida de Jesus, o que ele fez antes de sua morte: suas palavras, obras, seus milagres, o anúncio do Reino, no qual reconhecemos o centro de sua mensagem? **O verbo *padeceu* resume, no Credo, todo o caminho de Jesus, marcado pelo sofrimento.** E podemos imaginar quais foram seus sofrimentos: nasceu em uma situação de extrema simplicidade e sua vida em Nazaré não se deu na opulência. Ele, certamente, trabalhou para ganhar a vida. Naquele tempo, o pai transmitia sua profissão ao filho, e Jesus aprendeu a arte da carpintaria com José. Não faz sentido imaginar que Jesus passou 30 anos de sua vida só em oração e recolhimento. Jesus conheceu as labutas dos trabalhadores de sua época. Quanto a seu ministério, não lhe angariou sucessos, mesmo se a multidão se admirava com o que ele dizia e fazia. Os fariseus e escribas buscavam por Jesus a prova, pois queriam encontrar motivos para condená-lo.

Ele foi tentado (cf. Mt 4,1-11). **O episódio das tentações resume as provações sofridas por Jesus ao longo da vida. A pior delas, talvez, a tentação de um messianismo glorioso, fortemente rejeitado por Jesus na obediência ao Pai**. "Tudo isso te darei, se, prostrado, me adorares" (Mt 4,9). Ele resiste: "Vai-te, Satanás, porque está escrito: Ao Senhor teu Deus adorarás e a ele só prestarás culto" (Mt 4,10). Sua obediência não desfalece. "É a ele que, nos dias de sua vida terrestre, apresentou pedidos e súplicas, com veemente clamor e lágrimas, àquele que o podia salvar da morte; e foi atendido por causa de sua submissão. E embora fosse Filho, aprendeu, contudo, a obediência pelo sofrimento" (Hb 5,8). Foi desacreditado, perseguido, abandonado pelos amigos, traído por um deles. Frente à iminente morte na cruz, revela toda a sua angústia: "E, levando consigo Pedro, Tiago e João, começou a apavorar-se e a angustiar-se. E disse-lhes: minha alma está triste até a morte. Permanecei aqui e vigiai" (Mc 14,33-34). Na cruz, sentir-se-á abandonado pelo Pai: "Meu Deus, meu Deus, por que me abandonaste"? (Mc 15,34). Jesus se sente abandonado pelo Pai, o que significa um sofrimento cuja intensidade somos incapazes de mensurar. "Trata-se de uma noite para nós insondável", como afirma o grande teólogo Balthasar.

Mas não devemos cair em um dolorismo pessimista. Jesus também se alegrou e conheceu os prazeres legítimos da vida.

Alegrou-se com a proximidade dos apóstolos, com a contemplação da criação de Deus, com a preferência que ele tem pelos mais pobres e simples, que entendem sua mensagem melhor que os sábios e inteligentes (cf. Mt 11,25-26). **Jesus amou com todas as fibras de seu ser, e quem ama assim conhece uma alegria e uma paz para além dos sofrimentos cotidianos.** Ele tudo vive na confiança em Deus, seu Pai, por isso sua existência não podia ser só de tristeza e sofrimento, porque assim não conseguiria transmitir a beleza de sua mensagem. Nele encontramos uma coincidência total entre *ser* e *fazer*. O que ele faz expressa a riqueza de sua interioridade. Não só anuncia o Reino, mas o Reino se realiza em sua pessoa. Ele é o amor de Deus encarnado. **E não o esqueçamos, fomos salvos pelo amor de Jesus que, quando acolhido, transforma nossa vida porque nos faz participar da sua. Não fomos salvos por seus sofrimentos, embora eles elevem o amor de Jesus a um grau inimaginável.** A cruz simboliza até que ponto chega o amor de Jesus pela humanidade.

Sob Pôncio Pilatos

Quem era Pilatos? Ele era o procurador (prefeito) romano da Judeia na época de Jesus. Governou a Judeia de 26 a 36 d.C. Sua menção no Credo evidencia que o evento salvífico de Deus em Cristo aconteceu em nossa história. **A história da salvação se insere na história humana, que se revela sempre a história de Deus com os homens. O que aconteceu com Jesus pode, portanto, ser historicamente delimitado e datado.** Pilatos não é, entretanto, apenas um personagem importante que o Credo menciona por acaso. O Credo afirma que Jesus padeceu *sob* Pôncio Pilatos, ou seja, Pilatos tinha poder político e o exercia como domínio sobre as pessoas. Representa a potência romana dominadora da Judeia e age segundo interesses políticos e econômicos. Seu poder em nada se parece com o de Deus, que só busca o bem dos outros, porque é amor incondicional. Ele sabe que Jesus é inocente, não encontra nele motivo de condenação (cf. Jo 18,38), mas não quer comprometer suas pretensões políticas e pôr em jogo sua amizade com o imperador César (cf. Jo 19,12-13). Por isso, cedendo à injustiça, ele entrega Jesus para que seja crucificado (cf. Jo 19,16), lavando, assim, suas mãos (cf. Mt 27,24). O poder humano costuma se basear apenas em interesses egoístas e arbitrários. E onde entra os interesses do poder, o amor não tem chances de germinar. O Credo nos fala da condenação de Jesus de modo sintético e realista. E é muito preciso: **Jesus não padeceu nos tempos em que Pilatos era procurador na Judeia, ele padeceu *sob Pôncio Pilatos*, ou seja, sob o poder político dominador de Pilatos.**

E não só o poder de Pilatos se levanta contra Jesus. Os outros poderes seguem o mesmo caminho: o judeu de Herodes (cf. Lc 23,7-12) e o religioso de Caifás (cf. Mt 26,57-67). Jesus foi condenado também diante do Sinédrio, tribunal judaico da época, mas esse não tinha o poder de condenar à morte a não ser por apedrejamento, como é o caso de Estevão, o primeiro mártir cristão (cf. At 7,54-60). A lapidação que almejam para Jesus é ainda mais cruel e só poderia aplicá-la o poder romano. E esses três poderes juntos conseguem manipular a multidão para que se volte contra Jesus. A mesma multidão explorada por estes poderes é agora por eles manipulada: eis a contradição da história, que parece se repetir ainda hoje. **E por que Jesus padece? A resposta é simples: por viver os valores do Reino que ele anunciou (fraternidade, paz,**

justiça, misericórdia). Tais valores são contrários aos valores dos que da ganância, do egoísmo e da busca desenfreada do poder. A história se repete quando os justos pagam pelos injustos. Os poderosos sempre manipulam as massas em vista de seus interesses. Jesus é continuamente condenado naquele que sofre as consequências da ganância dos poderes corruptos. Mas a causa de Jesus não se resume no *padeceu sob Pôncio Pilatos*, ela termina na ressurreição. O Pai toma partido e fica do lado de Jesus. Mas ainda precisamos falar um pouco mais de sua morte, afinal, o Credo continua: *foi crucificado, morto e sepultado*.

O sofrimento de Jesus vem de causas históricas. Os chefes judeus o consideram "herético" do ponto de vista religioso. Os romanos o viram como "subversivo político", ameaçando o poder do imperador. São as duas causas históricas da morte de Jesus. Sua proposta repercutia na vida do povo e envolvia aspectos da vida social e política. Quando foi condenado, Jesus permaneceu fiel ao projeto do Pai, entregando sua vida pelo Reino de Deus que inaugurou com sua vida, morte e ressurreição. Nossa fé cristã é às vezes intimista, excessivamente subjetiva, mas Jesus mostra que a fé verdadeira repercute na vida. O papa Francisco nos adverte: "A proposta é o Reino de Deus (cf. Lc 4,43); trata-se de amar a Deus, que reina no mundo. À medida que Ele conseguir reinar entre nós, a vida social será um espaço de fraternidade, de justiça, de paz, de dignidade para todos. Por isto, tanto o anúncio como a experiência cristã tendem a provocar consequências sociais" (*Evangelii Gaudium*, n. 180).

7

FOI CRUCIFICADO, MORTO E SEPULTADO

Que sentido Jesus dá a sua morte de cruz?
Ele morre desesperado ou confia no Pai até o fim?
Por que a morte de Jesus nos salva?

Foi crucificado

No último artigo, falamos do sofrimento de Jesus, que o credo resume com a expressão "padeceu sob Pôncio Pilatos". O sofrimento fez parte de sua vida e chegou ao extremo *sob* Pôncio Pilatos, representante do poder romano que condena Jesus à morte de cruz. **O credo afirma, assim, que Jesus *foi crucificado*. Ele não morreu apedrejado, nem de infarto ou alguma doença. Ele foi crucificado.** "E após crucificá-lo, repartiram entre si suas vestes, lançando a sorte. E, sentando-se, ali montavam-lhe guarda" (Mt 27,35-36). São João afirma, por sua vez: "o crucificaram; e, com ele, dois outros: um de cada lado, e Jesus no meio" (Jo 19,18). A solidariedade de Jesus com os sofrimentos humanos chegou, assim, a seu limite. A morte de cruz era reservada aos piores criminosos da época e só podia ser decretada pelo poder político do Império Romano, que jamais condenava seus cidadãos a essa morte ignominiosa. Tal morte era reservada aos estrangeiros. Jesus era judeu, de um país colonizado pelo Império. São Paulo dirá que na cruz Jesus é maldito (cf. Gl 3,13), mas não porque Deus, seu Pai, trata-o como maldito. Jesus é maldito segundo a Lei que, como aparece em Dt 21,23, diz que quem pende da cruz é maldito diante de Deus. **E Jesus, no extremo do sofrimento na cruz, sente-se abandonado pelo Pai, o que, certamente, deu a sua agonia um aspecto ainda mais cruel. Mas ele confia no Pai, está abandonado na cruz, mas não desesperado.** Segundo Marcos, o grito de Jesus na cruz é a oração do Salmo 22: "Meu Deus, meu Deus, por que me abandonastes?" (Mc 15,34). O Salmo termina na confiança. Lucas atenua o grito de Jesus que, em seu evangelho, termina sua vida rezando o Salmo 31, que expressa abandono confiante nas mãos do Pai: "Pai, em vossas mãos entrego o meu espírito" (Lc 23,46).

Um engano a ser evitado é ver a cruz de Jesus como desejada por Deus para sanar a dívida que o ser humano contraiu pelo pecado. Nesse caso, o Pai desejaria a matança do Filho e se vingaria sobre ele a ofensa sofrida pelo pecado do ser humano. Jesus seria o bode expiatório, aquele sobre quem Deus Pai descarregaria sua cólera vingativa sobre os pecadores. Evidentemente, a morte de Jesus na cruz é fruto do pecado, do egoísmo e do fechamento do ser humano a Deus. O pecado emerge como a causa da morte de Jesus, pois ela é fruto da maldade, da injustiça e da corrupção do mundo. Mas o gesto de Jesus não é o preço que ele tem de pagar para aplacar a ira do Pai.

Ao contrário das outras religiões, nas quais o ser humano busca a Deus e lhe oferece sacrifícios expiatórios para extirpar sua culpa, o cristianismo afirma que Deus busca o ser humano e envia seu Filho para salvá-lo e estabelecer uma comunhão amorosa com toda a humanidade. Na cruz, Deus perdoa o pecado do ser humano, porque acolhe a oferta de Jesus que, na condição dos homens a salvar – sua humanidade –, oferece-se ao Pai por todos. Ele não oferece sacrifícios como faziam os sacerdotes do judaísmo. Ele oferece sua vida por amor. Amor que na cruz chega ao extremo de seu paroxismo: Jesus é vítima de uma sociedade que esmaga o justo para exclui-lo de seu meio. No auge desse movimento injusto dos homens, ele se entrega como vítima que perdoa. **O cristianismo representa, pois, uma virada. Não é o ser humano que busca Deus, como seria de esperar, mas Deus busca o ser humano em seu Filho para reconciliar consigo o mundo (cf. 2Cor 5,19).** Não aguarda que os seres humanos culpados venham até ele, ao contrário, ele se rebaixa para salvar o ser humano, vindo a nós com amor e misericórdia.

Para o autor da Carta aos Hebreus, o sacrifício de Jesus (sua oferta na cruz) é o único que reconcilia a humanidade com Deus, tornando vãos todos os sacrifícios da era pré-cristã, que tentavam alcançar a benevolência de Deus por meio do sacrifício de animais e outros objetos. "Sua morte que, historicamente falando, não passava de um acontecimento profano, da execução de um homem condenado por crime político, essa morte foi, na realidade, a única liturgia da história da humanidade, liturgia cósmica, em que Jesus, deixando de lado o âmbito restrito do jogo litúrgico no templo, passou em público, aos olhos do mundo, pela cortina da morte para entrar no templo verdadeiro em que brilha a face do próprio Deus e onde ele não ofereceu objetos, o sangue de animais ou outros sacrifícios, mas a si mesmo (cf. Hb 9.11s)" (Ratzinger-Bento XVI).

O mais importante, na cruz de Jesus, não são seus sofrimentos. Deus não se alegra com os sofrimentos de Jesus e não os vê como o preço a ser pago pela reconciliação. **O que importa é o amor de Jesus, levado ao extremo do absurdo. Só o amor dá significado à dor e ao sofrimento de Jesus. Só o amor dá sentido ao sacrifício.** Se não fosse assim, os verdadeiros sacerdotes no drama de Jesus seriam seus algozes, que lhe causaram tantos sofrimentos. Mas foi o próprio Jesus que uniu em seu corpo o longínquo e o próximo, as duas extremidades separadas do mundo, Deus e o pecador (cf. Ef 2,13s.). A cruz revela, portanto, o pecado do ser humano e o amor insensato, louco de Deus, como diz Santo Afonso. Em Jesus que morre crucificado Deus se solidariza com o ser humano até as profundezas de seu abismo. **O julgamento de Deus não é condenatório, mas salvífico. O fracasso humano de Jesus se torna o lugar onde o amor de Deus se expressa de maneira absolutamente inaudita para o ser humano** (Ratzinger-Bento XVI). O injustiçado se entrega por todos e faz desse seu gesto final a síntese de sua vida em prol da multidão. "O Filho do homem não veio para ser servido, mas servir e dar sua vida em resgate por muitos" (Mc 10,45). Jesus é a vítima que se oferece para recriar a amizade de Deus com todos os seres humanos, inclusive com seus algozes. Ele é a vítima que perdoa e não se vinga, pois seu projeto é criar uma humanidade nova.

Foi morto e sepultado

Após afirmar a morte de cruz de Jesus, o Credo diz, ainda, que *foi morto e sepultado*. "Chegada a tarde, veio um homem rico de Arimateia, chamado José, o qual também se tornara discípulo de Jesus. E dirigindo-se a Pilatos, pediu-lhe o corpo de Jesus. Então Pilatos mandou que lhe fosse entregue. José, tomando o corpo, envolveu-o em um lençol limpo e o pôs em seu túmulo novo, que talhara na rocha. Em seguida rolando uma grande pedra para a entrada do túmulo, retirou-se" (Mt 27,57-60). **A intenção é mostrar que a morte de Jesus realmente aconteceu, pois o sepultamento confirma a realidade da morte.** Jesus não desceu da cruz e se curou para ir morar na Índia ou outro lugar, como pensam alguns autores fantasiosos. Os mortos são sepultados e o mesmo aconteceu com o Filho de Deus. Ele foi sepultado (1Cor 15,4), descendo, assim, à mansão dos mortos.

A vida de Jesus, com suas opções concretas, termina na morte. Mas Jesus não sofre e morre em vão. Ele dá um sentido a seu sofrimento e a sua morte, fazendo desse momento a síntese de sua obra salvífica, morrendo *por nós* e a *nosso favor*. Na cruz, ele se oferece ao Pai, no Espírito, por nós. Sua morte é, portanto, salvífica para nós. E como os seres humanos, ele foi sepultado. O amor se torna, assim, o verdadeiro sentido da vida e da morte de Jesus. Foi morto porque viveu para os outros e morreu pelos outros. A partir da morte de Jesus, como compreender o sentido de nossa vida e de nossos sofrimentos?

8

DESCEU À MANSÃO DOS MORTOS

O que significa dizer que Jesus desceu à mansão dos mortos? Será que teria ido até o inferno, lugar onde estavam os condenados? Em quê sentido Jesus faz a experiência da morte, como todos os seres humanos?

A mansão dos mortos

Talvez seja esse o artigo mais difícil do Credo. Não aparece no Símbolo Niceno-constantinopolitano. **Após afirmar que Jesus foi crucificado, morto e sepultado, o Símbolo Apostólico afirma que Jesus desceu à mansão dos mortos ou aos infernos.** Descer *ad ínferos*, em latim, significa descer *ao mais baixo*. A esse significado mais rudimentar se somou a ideia mitológica, segundo a qual há no profundo da terra um lugar de condenação. A condenação concebida como abaixamento a um lugar mais profundo na terra provavelmente influenciou a perspectiva hebraica da situação dos defuntos, que viveriam no *Sheol* (*Hades* em grego) que, nesse caso, nada tem a ver com lugar de condenação e castigo. Ali estariam apenas as sombras dos mortos, tanto dos justos quanto dos injustos. Os restos mortais ficariam no túmulo e os "restos espirituais" iriam para o *Sheol*. Nesse lugar não há obra ou pensamento de sabedoria (cf. Ecl 9,10). Talvez essa mentalidade esteja atrás das palavras de Pedro sobre Jesus em sua primeira carta: "E no Espírito ele foi anunciar a salvação também aos espíritos que aguardavam na prisão" (1Pd 3,19), ou seja, no *Sheol*. Pedro não fala de inferno onde estariam os condenados, mas de cárcere onde permanecem os que morreram no dilúvio por causa de seu pecado.

Mais tarde, a palavra *inferno* foi compreendida como lugar de castigo. E assim surgiu uma lenda segundo a qual Jesus Ressuscitado desceu aos infernos para manifestar sua vitória sobre o pecado e a morte, e até mesmo, para resgatar os que estavam condenados. A descida aos infernos se tornou, portanto, uma visita real de Jesus a um lugar de condenação para salvar os que ali estavam. **O Credo, no entanto, não está afirmando que Jesus Ressuscitado foi a um lugar de castigo para resgatar possíveis condenados. O Credo fala apenas de uma *descida à mansão dos mortos*, o que nada tem a ver com um lugar geograficamente situado.** Mansão dos mortos se compreende no Credo como "situação dos mortos". Jesus desceu "à condição dos mortos", enquanto Filho encarnado que realmente experimentou a morte como todo ser humano.

Desceu à mansão dos mortos

Resta-nos agora a pergunta, fundamental para entende esse artigo do Credo: o que queremos dizer quando falamos que Jesus desceu à mansão dos mortos (aos infernos)? Não se trata, evidentemente, de uma descida a um local de condenação.

A descida de Jesus à mansão dos mortos revela até que ponto chegou seu aniquilamento. Sabemos que ele assumiu a figura de Servo (cf. Fl 2,7), foi solidário com nosso pecado (cf. 2Cor 5,21), fez-se por nós maldição (cf. Gl 3,13). O abaixamento de Jesus, messias Filho de Deus, chegou até a "condição dos mortos". Ele participa do destino do ser humano que inclui a morte. A oração de Jesus na cruz, segundo Marcos, talvez nos ajude a entender em que consiste a morte: "Meu Deus, meu Deus, por que me abandonaste?" (Mc 14,34). **A morte significa solidão radical, abandono total. Aquele momento em que o ser humano se sente absolutamente só e abandonado. Ninguém pode estar com ele na morte.** Ele morre só sem que possa experimentar a solidariedade alheia em seu morrer pessoal e único.

A descida aos infernos de Jesus significa que ele experimentou nossa extrema solidão, pois, em sua Paixão, submergiu no abismo do abandono e da solidão. Como afirma Ratzinger (Bento XVI): "Onde já não se faz ouvir nenhuma voz, lá está ele. Com isso o inferno está vencido, ou melhor, a morte, que antes era o inferno, não existe mais. Morte e inferno deixaram de ser a mesma coisa, porque em meio à morte passou a existir a vida, porque agora o amor mora em seu meio. **O único inferno que continua existindo é o fechamento voluntário de si próprio ou, como diz a Bíblia, a segunda morte** (cf. Ap 20,14). A morte, porém, já não é o caminho para a solidão, pois as portas do *Sheol* estão abertas". Ela abre para a verdadeira vida da comunhão com Deus em Cristo pelo Espírito. A segunda morte permanece uma possibilidade para a liberdade humana, mas como algo que Deus não deseja, pois para todos ele quer a vida e a todos oferece sua misericórdia, esperando apenas que o ser humano se abra a sua graça.

Nesta perspectiva também se pode compreender a passagem de Mateus segundo a qual, com a ressurreição de Jesus, os túmulos se abriram e os corpos de muitos falecidos foram vistos (cf. Mt 27,52). A passagem de Jesus pela morte, pela "situação dos mortos", e sua ressurreição desde aí, abre as portas da morte para a verdadeira vida, desde que o amor se manifestou na morte, ela perdeu sua força. Jesus, após experimentar a situação real dos mortos (desceu à mansão dos mortos), marcada pela solidão e pelo abandono, vista como o aniquilamento máximo do ser humano, venceu a morte com seu amor extremo. Ele passou pela morte para que o ser humano chegue à verdadeira vida de Deus, pois ele reconciliou com o Pai a história e o universo inteiro. **A possibilidade de salvação está agora aberta a todos. E a morte dos cristãos e dos não cristãos é participação na morte de Cristo. A vitória de Cristo chega aos confins do universo pelo Espírito Santo.**

Vencendo a morte, Jesus abre para todos os seres humanos a possibilidade da salvação. Na verdade, ele não deseja a condenação de ninguém. Não podemos pensar que salvação e condenação são caminhos paralelos. O projeto de Deus, que se realiza em Jesus, é para a salvação, oferecida a todos, até aos que não são cristãos, chamados a viver segundo sua consciência, onde ressoa a voz de Deus, como afirma o Concílio Vaticano II. Como disse Ratzinger (Papa Bento XVI), "o único inferno que continua existindo é o fechamento voluntário de si próprio ou, como diz a Bíblia, a segunda morte (cf. Ap 20,14)". Embora a salvação seja para todos, Deus respeita a liberdade humana. Os cristãos, no entanto, não desejam a condenação de ninguém, mas rezam pela salvação de todos.

9

RESSUSCITOU AO TERCEIRO DIA

O que significa a ressurreição de Jesus?
A alma de Jesus deixou o corpo e foi para junto de Deus?
Qual a mensagem que a ressurreição nos transmite?

Ressuscitou

Certos detalhes das narrativas da ressurreição permanecem intrigantes, pois não há coesão nos relatos. O lugar das aparições: Galileia ou Jerusalém? A questão do sepulcro vazio não é mencionada por Paulo, por quê? Os mensageiros das aparições no sepulcro ora são dois homens, ora anjos. A ascensão do Senhor perante os discípulos é mencionada só por Lucas. Tais "dificuldades", no entanto, não negam a verdade da ressurreição de Jesus, apenas revelam o desafio de narrar uma experiência que se situa na dimensão do transcendente e se manifesta no imanente. Há, pois, certo "embaraço" para narrar o encontro com Jesus ressuscitado. **Depois da morte de Jesus, os apóstolos voltam a Jerusalém e testemunham que ele estava vivo e se lhes tinha manifestado. Ninguém testemunhou**

a ressurreição como tal; esta perdura como mistério, afinal, ninguém viu Jesus ressuscitando.

Não foi fácil para os discípulos descrever encontros com o Ressuscitado. Eles o reconhecem e não o reconhecem; ele é intocável, mas se deixa tocar; é o mesmo que conheceram quando vivia junto deles, mas é outro completamente diferente. Tal experiência exigiu recursos literários e estilísticos para que pudesse ser comunicada. Lucas, com os discípulos de Emaús (cf. Lc 24,13-35), utiliza o simbolismo da liturgia para transmitir o inefável. "E, uma vez à mesa com eles, tomou o pão, abençoou-o, depois partiu-o e deu-o a eles. Então seus olhos se abriram e o reconheceram; ele, porém, ficou invisível diante deles. E disseram um ao outro: 'Não ardia nosso coração quando ele nos falava pelo caminho, quando nos explicava as Escrituras'"? (Lc 24,30-31). O evangelista nos diz que encontramos o Ressuscitado na Palavra e no sacramento. O fundamento da eucaristia é o mistério pascal; nela, o Senhor vem a nosso encontro para ser nosso companheiro de viagem, abrir nossos olhos e nos dar coragem para seguir adiante. O mais importante não é, pois, o que aconteceu, mas o significado do que aconteceu e a presença viva do Senhor na comunidade que se originou dele.

As narrativas da ressurreição seguem uma lógica: a iniciativa vem sempre do Ressuscitado. Ele aparece e se manifesta. O que fora crucificado se mostra vivo. A ressurreição não se resume a uma experiência sentimental, que brota do coração dos discípulos. Ela lhes chega desde fora e se apodera deles, inclusive indo contra suas dúvidas, fazendo-os ter a certeza de que o Senhor ressuscitou verdadeiramente. **Os discípulos o reconhecem e declaram: "É o Senhor". Aquele que estava no túmulo já não está preso**

pela morte, encontra-se no mundo de Deus e tem poder para se manifestar vivo. O amor de Jesus pela humanidade foi mais forte do que a vida. Ele a perdeu por amor. Mas seu amor também se revelou mais forte que a morte, uma vez que a destruiu. O encontro com o Ressuscitado é uma experiência de fé e seus seguidores se transformam ao reconhecerem-no, donde surge a missão: dali para frente serão testemunhas do Vivente e vão anunciar a Boa-nova do evangelho com entusiasmo e paixão. **Os fugitivos medrosos da Sexta-feira Santa se tornam testemunhas destemidas da Páscoa, prontas a dar a vida por aquele que, morto, se tornou Senhor da vida por sua ressurreição.**

A ressurreição de Jesus desponta, assim, no NT, como o núcleo central da fé apostólica. Pedro dirá aos judeus de Jerusalém: "vós o prendestes e o matastes, pregando-o na cruz por mãos de gente má. Mas Deus o ressuscitou, libertando-o das angústias da morte, pois não era possível que ele ficasse detido sob seu poder" (At 2,23-24). Paulo, após sua experiência com o Ressuscitado, proclamará: "Se confessares com tua boca que Jesus é Senhor e creres em teu coração que Deus o ressuscitou dentre mortos, serás salvo" (Rm 10,9). De fato, toda a pregação apostólica se resume no testemunho da ressurreição do Senhor (cf. At 4,33). A Igreja nasce do testemunho da ressurreição de Jesus, sem a qual vazia seria nossa fé: "E, se Cristo não ressuscitou, vazia é nossa pregação, vazia também é a vossa fé" (1Cor 15,14).

Alguns textos mostram Jesus como sujeito ativo da ressurreição. Ele ressuscitou (cf. Mt 28,7; 1Ts 4,14; 1Cor 15,3-5; Jo 21,14 etc.). A maioria dos textos, no entanto, fala da iniciativa do Pai na ressurreição do Filho (cf. At 2,24; Rm 5,8; 8,34; Cl 2,15 etc.). Tal iniciativa supõe participação do Filho, mas a fé pascal insiste na ação de Deus-Pai em seu Filho Jesus, afinal, "Deus amou tanto o mundo que lhe entregou seu Filho único, para que todo o que nele crê não pereça, mas tenha a vida eterna" (cf. Jo 3,16). A ação criadora do Pai se manifesta na vida entregue do Filho por meio da morte e o introduz em um novo modo de existir. **Ao ressuscitar seu Filho, Deus antecipou na história humana algo que se manifestará no fim: a vitória da justiça, a fraternidade universal, a realização plena do Reino.** Deus agiu em Jesus, não de maneira milagrosa, mas fazendo-o passar da morte à vida, dando-lhe outro modo de existir. Em nossa humanidade, o Filho é glorificado e santificado. Pela ressurreição, Deus confirmou a verdade da vida de seu Filho Jesus, tornando-a irrevogável. O Pai para sempre o exaltou, fazendo-o *Senhor da história e do universo inteiro*. A ressurreição de Jesus, vítima inocente, expressa tanto o poder de Deus sobre a morte como seu poder sobre a injustiça que mata os inocentes, aqueles que propagam a paz, a igualdade, a liberdade e a fraternidade, ou seja, o sonho do Reino de Deus.

Ao ressuscitar seu Filho Jesus, Deus Pai o arranca do absurdo e o leva à plenitude, o que Ele pretendeu com sua vida e morte. Em Deus, ele reencontra a identidade definitiva de seu ser humano e a realização plena de sua história terrena. O próprio sentido da vida e morte de Jesus é dado pela ressurreição. A prática de Jesus foi considerada suspeita e sua morte o desacreditou publicamente. Sua morte representa o fracasso de sua missão. Ao ressuscitá-lo, Deus dá razão ao crucificado e o faz vitorioso, mostrando que sua solidariedade com os pecadores e os que sofrem coincide com a vontade de Deus. Jesus não estava, de fato, sozinho. Deus, seu Pai, esteve com

Ele, em todos os momentos de sua vida, até a morte. Em Jesus, Deus atuou realmente; ele é de fato o salvador de Deus, aquele que, de verdade, expressou Deus na história.

Quanto à ressurreição do corpo, de acordo com a antropologia bíblica, trata-se da ressurreição do ser humano na integridade de suas relações pessoais e cósmicas, em sua totalidade. **A ressurreição não pode ser vista como sobrevivência da alma, o que a tornaria algo desvinculado da real experiência humana. Não é, pois, a alma de Jesus que ressuscita, mas Jesus mesmo, na totalidade de seu ser e de sua vida.** A ressurreição também não se entende como fazer um cadáver sair do túmulo e voltar à vida terrena que levava antes. Ele não regressa à vida biológica de antes, como Lázaro. Jesus ressuscitado não está mais sujeito às leis da química e da biologia, não se prende mais às leis da história enquanto imanência. A ressurreição diz respeito a tudo o que Jesus foi e realizou em sua vida, em sua identidade mais profunda. A totalidade da vida (corpo, alma, história, projeto, relações) ressuscita.

Apesar de não depender mais das leis da história, foi necessário que a ressurreição se manifestasse na história, para mostrar que o sentido da aventura humana é a construção do Reino que Jesus inaugurou com sua morte e ressurreição. **Ele não só morreu por nós, mas também ressuscitou por nós. E sua vida gloriosa junto do Pai nos é comunicada pelo Espírito, para que vivamos e ressuscitemos com ele.** "Mas Deus, que é rico em misericórdia, pelo grande amor com que nos amou, quando estávamos mortos em nossos delitos, vivificou-nos juntamente com Cristo – pela graça fostes salvos! – e com ele nos ressuscitou e nos fez sentar nos céus, em Cristo Jesus" (Ef 2,4-6; cf. Rm 5,8; Cl 2,13).

Ao terceiro dia

O anúncio bíblico afirma que Jesus *ressuscitou ao terceiro dia* e tal afirmação aparece no Credo. O símbolo niceno-constantinopolitano acrescenta: *conforme as Escrituras*. O terceiro dia indica uma obra realizada. No Evangelho de Lucas, Jesus diz: "Ide dizer a essa raposa. Eis que eu expulso demônios e realizo curas hoje e amanhã; e no terceiro dia terei consumado" (Lc 13,32). Em João, ele afirma: "Destruí este santuário, e em três dias eu o levantarei" (Jo 2,19; cf. Mc 14,58). A ressurreição ao terceiro dia emerge como o cumprimento da salvação. "Ele não está aqui. Ressuscitou! Lembrai-vos de como vos falou quando ainda estava na Galileia: É preciso que o Filho do Homem seja entregue às mãos dos pecadores, seja crucificado, e ressuscite ao terceiro dia" (Lc 24,6-8). Pedro proclama: "Deus o ressuscitou ao terceiro dia" (At 10,40). Paulo declara haver transmitido o que ele recebeu: "Cristo morreu por nossos pecados, segundo as Escrituras. Foi sepultado, ressuscitou ao terceiro dia, segundo as Escrituras. Apareceu a Cefas, e depois aos doze" (1Cor 15,3-4). Aqui há um paralelo com Oseias 6,1-2, onde lemos: "Vinde, voltemos a Iahweh. Porque ele nos despedaçou, ele nos curará; ele feriu, ele nos ligará a ferida. Depois de dois dias nos fará reviver, e no terceiro nos levantará, e nós viveremos em sua presença". No terceiro dia Javé intervém salvando seu povo.

Jesus ressuscitado, segundo Lucas, explica aos discípulos de Emaús o que lhe aconteceu: "E, começando por Moisés e percorrendo todos os Profetas, interpretou-lhes em todas as Escrituras o que a ele dizia a respeito" (cf. Lc 24,27). O que aconteceu com Jesus tinha sido predito pelos profetas, dirá Lucas em Atos (cf. At 3,18). **A afirmação *ao terceiro dia, segundo as***

***Escrituras*, significa que a ressurreição de Jesus é a realização final das promessas de Deus que aparecem nas Escrituras, seu cumprimento escatológico.**

O terceiro dia, porém, recebe explicações diferentes das diversas correntes teológicas. Há teólogos que entendem que esse número é simplesmente teológico e não o terceiro dia, aquele que vem depois do segundo dia, que veio depois do primeiro. Afinal, para o Evangelho de João, morte e ressurreição de Jesus compõem um único evento. Na cruz, o Filho se eleva ao Pai e é por ele glorificado. Já para os adeptos da antropologia dualista, o problema se resolve facilmente: na morte, o espírito (alma) de Jesus foi glorificado; três dias depois, o corpo foi elevado a partir do túmulo a essa glorificação. Outros encontram uma resposta nas recentes pesquisas médicas. De acordo com essas, os critérios para constatar a morte na época de Jesus não eram os mesmos de hoje. A morte de Jesus na cruz, na opinião de alguns pesquisadores, foi apenas um ponto de não retorno à vida, ou seja, ele não tinha morrido totalmente. A morte total só aconteceu quando ele já estava no túmulo, nesse caso dizer que ele ressuscitou ao terceiro dia é dar coincidência temporal entre a morte e a ressurreição. Parece que, para os judeus, a morte só era de fato assumida depois de três dias, quando o corpo começava a se corromper. Mas, como disse um grande teólogo da ressurreição de Jesus: "a sabedoria aconselha, sem dúvida, a não entrar nessas investigações". **O mais importante é a ressurreição de Jesus, acontecimento histórico-transcendente, cujo significado salvífico chega a todos os homens, por meio do Espírito, mesmo àqueles que não professam uma fé em Jesus ou em Deus.** Nós cremos na veracidade do testemunho dos apóstolos:

Jesus se manifestou ressuscitado a eles. E ressuscitou para que pudéssemos ressuscitar com ele. Está presente na Igreja e no mundo, mediante o Espírito.

Há cristãos que desconhecem a doutrina da ressurreição e acreditam na reencarnação, que é uma doutrina defendida por outras tradições religiosas. Nós respeitamos essas tradições religiosas, rejeitando a intolerância, porque, como diz o Concílio Vaticano II, a Igreja acolhe o que há "de verdadeiro e santo" nas outras religiões. No entanto, cremos no que os Evangelhos e a Igreja nos dizem sobre a ressurreição de Jesus, aspecto central de sua vida e da nossa. Ele não somente morreu por nós, mas também ressuscitou por nós. O Espírito Santo é o dom que Ressuscitado nos faz para permanecermos unidos a Ele, no amor a Deus e aos irmãos.

10

SUBIU AOS CÉUS

Será que o "céu" é um lugar acima da terra?

Jesus foi para lá depois de sua morte e ressurreição?

E se ele já foi para o céu, não está mais presente no meio de nós, na Igreja e no mundo?

Subiu aos céus

O NT nos apresenta Jesus indo ao Pai, portanto ascendendo "aos céus", onde se encontra Deus-Pai. No Evangelho de João, Jesus exclama: "Ninguém subiu ao céu, senão o que desceu do céu, o Filho do homem" (Jo 3,13). Em Jo 20,17, ele diz a Madalena: "Não me toques, pois ainda não subi ao Pai". De fato, no Evangelho de João, a existência de Jesus é apresentada em um movimento pendular: vem do Pai (ele é o Verbo eterno que estava junto do Pai antes da criação do mundo); encarna-se, assumindo nossa condição humana; e termina seu percurso terreno indo ao Pai pela Cruz, na qual é glorificado e exaltado. Também outros textos falam dessa exaltação, como é o caso de Fl 2,9 (Deus o elevou acima de tudo e lhe deu o Nome que está acima de todo nome) ou da 1 Pd 3,22 (Jesus Cristo que subiu ao céu).

Em At 1,6-11, Lucas descreve o retorno de Jesus Cristo ao Pai após o relato de diversas experiências de ressurreição feitas por seus seguidores, durante quarenta dias (At 1,3). **O significado do número 40 na Bíblia não é matemático, mas teológico, ou seja, aporta valor qualitativo e não quantitativo. Quarenta é número simbólico: o tempo necessário para o amadurecimento, para atingir um ideal almejado, sejam quarenta anos ou quarenta dias.** Na verdade, Lucas não faz crônica jornalística do evento da ascensão, apenas quer indicar com seu relato que quando termina o *tempo de Jesus* começa o *tempo da Igreja*, ou seja, das testemunhas do Ressuscitado: "Sereis minhas testemunhas..." (At 1,8). Após diversos relatos de manifestações de Jesus ressuscitado, Lucas sinaliza que a obra do reino continua com os seguidores de Jesus. Sua presença está garantida, pois é promessa feita aos seus (cf. Mt 28,20), mas ela agora se dá de forma diferenciada: uma presença na ausência. Ele continua vivo; ele é o vivente, como afirma Lucas. Mas sua vida está sinalizada em outras categorias, dita com formatos que ultrapassam o simples regresso a sua vida anterior. Ele vive agora em uma outra dimensão, na glória do Pai de onde exerce seu senhorio, na transcendência. A missão de construir o Reino que ele inaugurou com sua vida, morte e ressurreição se torna tarefa dos apóstolos e de seus discípulos. "Mas recebereis uma força, a do Espírito Santo que descerá sobre vós, e sereis minhas testemunhas em Jerusalém, em toda a Judeia e a Samaria, e até os confins da terra" (At 1,8).

Jesus, no entanto, permanece junto a sua Igreja e no mundo pelo Espírito Santo e vem sempre nos encontrar por

meio de sua Palavra, dos sacramentos, dos irmãos, sobretudo dos mais pobres e abandonados, nos acontecimentos mais humanos e mais corriqueiros. O relato de Lucas, embora se passe em Jerusalém, harmoniza-se teologicamente com o relato da última aparição em Mateus, que acontece em Nazaré. "Jesus, aproximando-se deles, falou: 'Todo poder me foi dado no céu e sobre a terra. Ide, portanto, e fazei que todas as nações se tornem discípulos, batizando-as em nome do Pai, do Filho e do Espírito Santo e ensinando-as a observar tudo quanto vos ordenei. E eis que estou convosco todos os dias, até a consumação dos séculos!'" (Mt 28,18-20). Jesus, desde a glória do Pai, envia seus discípulos para que continuem sua missão no mundo.

Assim, do mesmo modo que a descida de Jesus à "mansão dos mortos" ou "aos infernos" não significa sua ida a um lugar de condenação, sua "subida aos céus" não quer dizer que ele vá a lugar geograficamente situado chamado "céu". Aliás, a moderna astronomia superou a antiga visão segundo a qual o mundo se divide em três níveis ou andares: o que está abaixo de nós, aquele em que vivemos e o que está acima (inferno, terra, céu). A complexidade do universo mostra que o planeta terra não é sequer ponto de referência absoluto, mas apenas um planeta em meio a milhares de outros, alguns ainda nem descobertos. **"Céus", portanto, nesse artigo do Credo, não se refere a lugar. O Credo não faz alusão a categorias espaciais. A afirmação central que deseja transmitir é teológica, não geográfica ou cósmica.**

O termo "céus" ou "céu" expressa a plenitude da comunhão com Deus à qual todo ser humano é chamado. **A união do ser humano com Deus em uma dimensão de eternidade expressa o que queremos dizer quando dizemos "céu". Tal união se**

concretizou de maneira única em Jesus Cristo, plenamente Deus e plenamente homem. Ao se encarnar e assumir nossa condição histórica marcada pelo pecado, Jesus, o Filho eterno de Deus, percorreu o caminho que vai da finitude ao infinito, do tempo à eternidade, do provisório ao definitivo. Ele passou da vida biológica à vida nova, no próprio seio de Deus, no qual é gerado desde toda a eternidade. "Subiu aos céus" quer dizer que ele foi totalmente assumido na existência pneumática de Deus.

Em sentido estrito, não seria possível diferenciar temporalmente a ressurreição de Jesus de sua ascensão aos céus, definida pelo Credo. Sua ressurreição coincide com sua glorificação. O Pai o assume em sua vida divina ao ressuscitá-lo. **É um erro que precisa ser evitado, o de pensar que Jesus volta a ser junto do Pai o mesmo que era antes de se encarnar. Ele não se desencarna, mas, sem deixar de ser o que sempre foi, carrega agora nossa humanidade.** O Pai o assume e o glorifica nessa condição. Eis aqui um dos maiores mistérios de nossa fé: crer que nossa humanidade está em Deus por intermédio de seu Filho Jesus Cristo.

"Subiu aos céus" não significa, portanto, mudança de lugar geográfico, mas atesta que Jesus retorna ao ponto de partida: veio de junto do Pai e volta para o Pai, volta para o Pai depois de ter realizado sua missão: assumir nossa condição humana e anunciar o Reinado de Deus, o sonho de Deus para a humanidade. O Pai o enviou como mediador do Reino e foi sempre o horizonte último de sua missão. **Na "ascensão", ele regressa ao Pai com a colheita da semeadura: mostrou ao ser humano o caminho para Deus anunciando seu reinado**, que não se refere apenas a realidades espirituais, mas também a realidades que se encarnam na histórica pelo amor, pela solidariedade desinteressada, pelo serviço misericordioso e desarmado aos irmãos. Voltando ao Pai, ele mostra ao ser humano que o destino último da história se encontra na consumação da fraternidade para além do tempo e da história.

Temos uma tendência a imaginar o céu, o purgatório e o inferno como lugares fora do planeta terra para onde vão as pessoas depois da morte. Esses lugares são destinos possíveis para o ser humano. O céu, na verdade, significa a plena comunhão com Deus após a morte. Comunhão que se inicia na vida terrestre, histórica, na qual somos chamados a realizar o Reino de Deus, em comunhão com Cristo e com os irmãos, buscando a fraternidade. Viver em comunhão com Deus na história é o que designamos pelo termo "graça de Deus". À plenitude dessa comunhão na eternidade chamamos "glória" ou visão beatífica. O purgatório tem a ver com a purificação necessária para o encontro definitivo com Deus, uma vez que nem sempre conseguimos superar totalmente o egoísmo e viver plenamente a graça de Deus. O inferno não é criado e nem querido por Deus, porque Deus só deseja a salvação do ser humano. O inferno permanece como uma possibilidade para a liberdade humana, que poderia se fechar totalmente para Deus.

11

ESTÁ SENTADO À DIREITA DE DEUS PAI TODO-PODEROSO

Jesus se assenta mesmo à direita de Deus?
Jesus Ressuscitado precisa se assentar à direita de Deus?
O que esta afirmação diz sobre Jesus?

Sentado à direita de Deus Pai

Jesus, após ser ressuscitado pelo Pai e subir aos céus, "se assenta à direita de Deus Pai todo-poderoso". Na verdade, o Credo diz que "está sentado". Também essa expressão está sujeita a equívocos se a entendemos literalmente, ou seja: ao lado do Pai todo-poderoso há uma cadeira especial na qual Jesus se assentou depois de sua ascensão. Aliás, como vimos, **as expressões espaciais do Credo não se referem a lugares.** Jesus não foi "ao inferno" e depois "subiu para o céu" onde "se assentou" em uma cadeira ao lado de Deus. Como das outras vezes, a expressão é simbólica e esconde uma realidade – uma verdade – profunda a respeito de Jesus.

A linguagem figurativa utilizada nesse artigo do Credo faz referência ao cerimonial antigo dos regimes régios orientais que

Israel adotou. O lugar do rei era acima do povo, em um trono especial e inacessível. O rei podia, no entanto, elevar alguém a sua altura e conferir-lhe dignidade nova. Seu ministro principal se assentava ou permanecia de pé a sua direita. Também seus sucessores se assentavam a sua direita, o que significava que participavam já, de algum modo, de seu poder. O uso da imagem "sentado à direita de Deus" finca suas raízes na experiência da realeza em Israel e faz eco ao Sl 110,1, o mais citado no NT: "Senta-te à minha direita, até que eu ponha teus inimigos como estrado de teus pés".

No livro dos Atos dos Apóstolos, Lucas afirma que Jesus foi exaltado pela direita de Deus e cita expressamente o Sl 110,1 (cf. At 2,33-36). Em Hebreus lemos: "A qual dos anjos disse ele jamais: 'Senta-te a minha direita, até que eu reduza teus inimigos como a escabelo de teus pés'?" (Hb 1,13). **O NT afirma em diversas passagens que Deus ressuscitou Jesus dos mortos e *o fez se assentar a sua direita no céu*, acima de toda autoridade, poder, dominação, e de todo outro nome que possa existir (cf. Ef 1,20-21).** Segundo São Paulo, Jesus *está sentado à direita de Deus* e intercede por nós (cf. Rm 8,34). Em Cl 3,1 se encontra a firmação: "Se, pois, ressuscitastes com Cristo, procurai as coisas do alto, onde Cristo está sentado à direita de Deus".

Esse artigo do Credo se concentra na exaltação de Jesus como o Cristo (ou seja, o ungido, o enviado de Deus) e enfatiza a profissão de fé no senhorio que Deus Pai lhe confere. **O Crucificado foi exaltado pelo Pai, entronizado na mesma vida de Deus.** Após afirmar que Jesus foi exaltado pela direita de Deus, Lucas afirma: "Saiba, portanto, com certeza, toda a casa de Israel: Deus o constituiu Senhor e Cristo, este Jesus a quem vós crucificastes" (At 2,36). Jesus é, de fato, o Cristo, o Messias enviado por Deus. Ele é "o Senhor" (cf. Rm 10,9; 1Cor 12,3; 2Cor 4,5; Fl 2,11). Eis provavelmente a primeira profissão de fé dos cristãos. Ao ressuscitá-lo, Deus o exaltou e o fez Senhor e Cristo. Mas Jesus, como Filho de Deus, não compartilhava a autoridade de Deus, seu Pai que o enviara? Qual a novidade dessa exaltação se ele já era igual a Deus (mesma natureza)? A novidade surge quando pensamos Jesus a partir de sua encarnação. **Ao se fazer humano, não deixou de sê-lo por sua ressurreição. Agora, enquanto ser humano, Jesus possui a glória, a majestade e o poder de Deus. É igual a Deus, "consubstancial ao Pai", e igual a nós, "consubstancial ao ser humano".**

Nossa humanidade foi glorificada e divinizada em Jesus, um homem que agora vive a mesma vida de Deus. Na verdade, somos salvos pela divindade de Deus que, em Jesus, assume nossa humanidade. **Ao elevar Jesus, Deus Pai nos eleva com ele. E Jesus vive "por nós" junto do Pai, *sentado a sua direita*, ou seja, participando de seu poder.** Por isto Paulo pode afirmar: "Vossa vida está escondida com Cristo em Deus. Quando Cristo, que é vossa vida, manifestar-se, vós também sereis manifestados com ele na glória" (Cl 3,3). Ele se tornou nosso intercessor. Em sua vida terrena, ele já intercedia pelos homens a salvar, mas, exaltado à direita de Deus, sua intercessão ganha um significado ainda mais profundo, porque "se tornou para todos os que lhe obedecem princípio de salvação eterna" (Hb 5,9). Jesus não mais suplica ao Pai a favor de todos na prostração e nas lágrimas (cf. Hb 5,7), mas *assentado ao lado do Pai* (cf. Hb 1,3.13; 8,1; 10,12; 12,2). Ele *se assenta ao lado direito do Pai* onde permanece eternamente em benefício de todos. Nossa humanidade está agora em Deus por Jesus Cristo e constitui uma intercessão definitiva. E poderíamos completar o artigo do Credo: "Está sentado à direita de Deus Pai todo-poderoso a favor dos homens", "fazendo pressão de amor sob o coração de Deus" para que todos os seres humanos participem da própria vida divina, que consiste em sua salvação.

Jesus, por sua vida, morte, ressurreição e exaltação junto de Deus, tornou-se Senhor e rei do universo inteiro: "Todo poder foi me dado no céu e sobre a terra" (Mt 28,18). O exercício do senhorio de Cristo sobre o céu e a terra é real, mas ainda não se manifestou totalmente. **Não somos capazes de mensurar como o reinado de Cristo acontece misteriosamente no mundo, cuja história depende da liberdade humana. Jesus reina e convida a todos para entrar na lógica de seu reinado e de seu senhorio.** A história e o universo caminham misteriosamente rumo à manifestação plena do senhorio de Jesus, rumo ao impacto final da ressurreição e elevação de Jesus à direita de Deus, "pois é preciso que ele reine, até que tenha colocado todos os inimigos debaixo de seus pés" (1Cor 15,25). E, no final da história, "quando todas as coisas lhe tiverem sido submetidas, então o próprio Filho se submeterá Àquele que tudo lhe submeteu, para que Deus seja tudo em todos" (1Cor 15,28).

Jesus, em nossa humanidade assumida na encarnação e glorificada na ressurreição, participa da vida de Deus. Para sempre ele estará junto ao Pai por nós. Não apenas morreu e ressuscitou para nos salvar como vive junto de Deus Pai a "nosso favor". Esse artigo do Credo deve despertar em nós uma grande confiança em Jesus, constituído Senhor do universo pelo Pai. Seu senhorio, no entanto, espera a acolhida de nossa liberdade. Ele quer reinar no mundo a partir de nós que, livremente, acolhemos sua graça e realizamos seu Reino.

12

DE ONDE HÁ DE VIR A JULGAR OS VIVOS E OS MORTOS

Será que Jesus é um juiz como os juízes dos tribunais que nós conhecemos?

O julgamento final tem testemunha de defesa e de acusação?

A justiça divina se assemelha à justiça humana?

De onde há de vir

De onde vem Jesus? Mais uma vez, o "onde" desse artigo do credo não se refere a um lugar. O credo não alude a verdades geográficas. Jesus vem do Pai que o exaltou a sua direita. Jesus, o Filho, só pode vir do Pai, que o gera desde toda a eternidade. O Pai enviou ao mundo seu Filho (cf. Jo 5,36-37; 8,18; 12,49; 14,24), que expressou a onipotência do amor do Pai. Portanto o Filho não vem de um lugar, mas do seio do Pai. Mas Jesus já não veio ao se encarnar e ao se manifestar ressuscitado? Ele não está presente no mundo por intermédio do Espírito Santo? Por que, então, ele há de vir?

Jesus cumpriu a missão de pregar e inaugurar o Reino de Deus. Sua vida, morte, ressurreição e ascensão possuem caráter escatológico definitivo para o mundo e a história. **Mas os primeiros cristãos, a partir de sua experiência com Jesus, perceberam que há um intervalo entre o Reino que se realiza na história, do qual a Igreja é sacramento, e a consumação final desse Reino.** Assim, o Reino tem dois momentos: o "já" e "ainda não". "Já" está presente, mas "ainda não" se realizou plenamente. Jesus veio na condição humilde do servo, mas voltará em sua condição gloriosa.

De um lado, há a convicção de que Senhor virá; por outro, tal volta não se pode datar. Como afirma Pedro: "O Dia do Senhor chegará como ladrão" (2Pd 3,10). E Paulo diz o mesmo: "No tocante ao tempo e ao prazo, meus irmãos, é escusado escrever-vos, porque vós sabeis, perfeitamente, que o Dia do Senhor virá como um ladrão noturno" (1Ts 5,1-2). O ladrão chega de surpresa. Assim se torna impossível prever quando se dará a segunda vinda de Jesus; por causa disso, Paulo propõe a vigilância como atitude fundamental do cristão que espera a vinda do Senhor (cf. 1Ts 5,4-11). Estão enganados os profetas que proclamarem aos quatro ventos que Jesus está voltando, que os acontecimentos presentes (guerras, doenças, terremotos, imoralidades) estão previstos na Bíblia. A Bíblia não faz crônicas jornalísticas sobre acontecimentos futuros.

O NT apenas afirma que a história humana e do universo não termina no absurdo; ela tem uma meta. Como vimos em outro artigo, o universo e o ser humano são criação de Deus, ou seja, vêm de Deus e terminam nele. A história tal qual a conhecemos terá um fim. E essa história não exclui o mundo. Segundo Paulo, a própria criação encontra em Cristo suas raízes mais profundas. Ele é o mediador da criação. Nele tudo foi criado (cf. 1Cor 8,6;

Cl 1,15-20); ele emerge como princípio e finalidade da criação (cf. Cl 1,15-20). Nele, o mundo e a história humana encontram uma unidade de origem e de destino. **Se tudo foi criado *em* e *para* Cristo, deve-se afirmar que ele é o fundamento último da realidade, aquele que lhe dá harmonia, unidade, coesão.** O destino da criação inteira se desvenda a partir de Cristo para o qual ela tende. O plano de Deus é levar o tempo a sua plenitude, que consiste "em Cristo encabeçar todas as coisas, as que estão no céu e as que estão na terra" (Ef 1,10).

O cosmos (o universo) não se nos apresenta como um palco no qual se desenvolve o teatro da história. Ele, ao ser criado, já é história e passa a fazer história com a humanidade quando essa surge. **A única história do mundo envolve todo o criado, natureza e humanidade, natureza e espírito, que um dia se reunificarão definitivamente em Cristo.** A vitória final, portanto, não será fruto das ideologias humanas ou das tecnologias. Como será a vitória da verdade, da liberdade, do amor e da justiça, ela se dará a partir de um rosto, o rosto de Jesus. O fim do mundo será o impacto final da vida, morte, ressurreição e ascensão de Jesus sobre o cosmos e a história, que os unificará no mesmo destino. O Credo niceno acrescenta a esse artigo: "E seu Reino não terá fim". Quando Cristo for tudo em todos, será, enfim, o Reino definitivo. **Por mais complexa que seja a realidade do mundo – e ela se torna cada vez mais complexa – não é movimento sem destino, mas percurso linear cuja meta se encontra na unificação final em Cristo, "para que todos sejam um, assim como vós, ó Pai, estais em mim e eu em vós" (Jo 17,21).**

A julgar os vivos e os mortos

A vinda de Jesus traz consigo um julgamento. Ele vem julgar "os vivos e os mortos". Alguns cristãos da Igreja primitiva acreditaram que, ainda vivos, participariam do juízo final (cf. 1Ts 4,17). Só mais tarde compreenderam que o fim não seria logo e que a história se estenderia. A expressão "vivos e mortos", presente no Credo, não afirma que alguns estarão vivos e outros mortos no momento do julgamento final. Ela é um binômio próprio do mundo hebraico para dizer "julgamento universal".

O juízo, que ocorrerá com a vinda gloriosa de Jesus, evidencia que o final da história não coincide simplesmente com um decreto da parte de Deus que torna tudo automaticamente perfeito. A história humana é história de liberdade, ou seja, ela se identifica com aquilo que o ser humano faz de si mesmo frente ao apelo de Deus em Cristo. Deus não impõe a salvação de modo arbitrário. Ela também é resultado da liberdade vivida com responsabilidade. **A graça da salvação brota da absoluta gratuidade de Deus; nada podemos fazer para merecê-la. Nosso mérito será sempre o dom de Deus. Mas o dom precisa ser acolhido; a graça de Deus não suprime a liberdade.** O destino final do ser humano tem a ver também com sua conduta e se dará "segundo suas obras". O mesmo Paulo, que afirma com veemência a gratuidade da salvação, acentua a importância das obras, que manifestam a acolhida ou não da graça de Deus. Para ele, os cristãos estão reconciliados com Deus, introduzidos em uma relação de paz com Deus, libertados da escravidão do pecado, justificados e santificados pela graça de Cristo e são capazes de agradar a Deus (cf. Rm

3,24-25; 1Cor 1,30; Ef 2,14-18; Cl 1,13-14; 1Ts 4,1; Tt 3,4-7), porém devem ainda se apresentar diante de Deus para prestar conta das próprias ações (cf. 1Cor 4,4-5; 2Cor 5,10; Rm 2,16).

E qual o critério do julgamento final? Não parece que será propriamente a religiosidade. "Nem todo aquele que me diz 'Senhor, Senhor' entrará no Reino dos Céus, mas sim aquele que pratica a vontade de meu Pai que está nos céus" (Mt 7,21). Segundo Mt 25,31-46, o critério será o amor traduzido em solidariedade, sobretudo com os mais abandonados: "Estive com fome e me destes de comer, estive com sede e me destes de beber". Deus não quer a injustiça. Ele se opõe a tudo o que destrói a dignidade humana. Está do lado dos que sofrem, e a injustiça do mundo encontrará nele uma solução. A vitória final pertence, antes de tudo, às vítimas da história, porque são as que mais têm direito à justiça. A ressurreição de Jesus foi a vitória de um injustiçado. Tal vitória se imporá na história.

Não nos esqueçamos, no entanto, de que Deus quer que todos sejam salvos e cheguem ao conhecimento da verdade (cf. 1Tm 2,4). E "mesmo que o ser humano saiba de seu terrível poder de destruição, que é imensamente superior a seu poder de construção, ele sabe, ao mesmo tempo, que, em Cristo, o poder de construir se mostrou infinitamente maior" (Ratzinger-Bento XVI). O papa Francisco se pergunta por que nosso julgamento não pode ser como o de Deus. E responde: não é porque Deus é Todo-Poderoso e nós não, mas é "porque em nosso julgamento falta a misericórdia. E, quando Deus julga, julga com misericórdia". Por isso o ensinamento de Jesus precisa ser levado a sério: "Não julgueis para não serdes julgados. Pois com o julgamento com que julgais sereis julgados, e com a medida com que medis sereis medidos" (Mt 7,1). Não temos o direito de excluir ninguém da salvação. "Amai os vossos inimigos; fazei o bem aos que vos odeiam" (Lc 6,27). O cristão que deseja para alguém a condenação se torna incoerente com o preceito do amor aos inimigos.

O juiz do juízo final é Jesus, ou seja, um de nós, alguém que conhece a existência humana e seus limites. Aquele que disse: "Todo poder me foi dado no céu e sobre a terra" (Mt 28,18) se tornou nosso companheiro de caminhada. E é também aquele que, segundo João, afirma: "não vim para julgar o mundo, mas para salvar o mundo" (Jo 12,47). E ainda: "e, quando eu for elevado da terra, atrairei todos a mim" (Jo 12,32). Se ao cristão perguntassem se todos serão salvos no juízo final, a resposta só poderia ser esta: "Não sei, espero que sim".

Jesus deseja e trabalha para a salvação de todos e nós cristãos não podemos querer para os outros o que não queremos para nós. Querer a condenação de alguém é, de certo modo, recusar a fraternidade, como Caim: "Por acaso sou o guarda do meu irmão"? Atitude incoerente com a proposta de Jesus. Uma mãe, por pior que seja um filho, jamais deseja sua condenação e por ele daria a própria vida. O amor de Deus e sua misericórdia são infinitos. O juízo de Deus não segue a lógica do Direito Civil, porque sua justiça expressa sua misericórdia, a fidelidade a suas promessas. A questão sobre quem se salvará ou quem não se salvará não nos pertence, mas somente a Deus, que conhece as intenções de cada um. De qualquer modo, é bom não evitar por limites à misericórdia de Deus.

13

CREIO NO ESPÍRITO SANTO

Quem é o Espírito Santo?
Ele também é Deus como o Pai e o Filho?
Qual seria o papel em nossa vida?

O Espírito Santo

No Credo professamos nossa fé no Pai, no Filho e no Espírito Santo. O Credo maior acrescenta: "Senhor que dá a vida, e procede do Pai e do Filho, e com o Pai e o Filho é adorado e glorificado, Ele que falou pelos profetas". Nesse Credo, no século XI, a Igreja achou por bem acrescentar que o Espírito procede do Pai e do Filho, e não só do Pai, como antes afirmado. Fez isso para ser mais fiel ao NT, cujos textos sugerem que o Espírito vem do Pai e do Filho. **Embora o Pai permaneça a origem sem origem da Trindade, o Espírito é enviado por Jesus desde o Pai. O Pai *gera* o Filho e ambos *espiram* (como um sopro) o Espírito Santo.** Modo difícil de falar, mas o Credo tem preocupação prática, quer mostrar que o Espírito é também de Jesus. Mas, dessa afirmação, veio uma controvérsia com a Igreja ortodoxa que até hoje não foi resolvida. Para eles, o Espírito vem só do Pai. Aceitam que possa vir do Pai *pelo* Filho, mas vem do Pai, a origem da vida trinitária. Para nós, essas questões soam muito teóricas, mas foram importantes naquelas épocas. A afirmação, por exemplo, segundo a qual com o Pai e o Filho o Espírito é adorado e glorificado se revestiu de grande relevância. Evitou-se a palavra "consubstancial", pois se tornara problemática. Preferiram afirmar que é adorado e glorificado com o Pai e o Filho, com isso quiseram salvaguardar a divindade do Espírito, que também é Deus, tem a mesma "substância", a mesma natureza de Deus (é consubstancial). Como alguns duvidavam da divindade do Espírito, optaram por afirmá-la claramente no Credo Niceno. Solução muito feliz.

Das três pessoas da Trindade, O Espírito se revela a figura mais enigmática. De onde ele vem, para onde ele vai? **Não apreendemos totalmente sua ação misteriosa. Tanto em hebraico (*ruah*), quanto em grego (*pneuma*) e em latim (*spiritus*), ele se chama "o sopro"**. O símbolo do Espírito é o vento (cf. Jo 3,8). Há outros símbolos do Espírito: a água, o fogo, a pomba. Querem exprimir o inefável. Os muitos símbolos que aparecem na Bíblia e na Tradição para designar o Espírito demonstram a dificuldade para enquadrá-lo em um conceito preciso. O Espírito é, na Trindade, "o mistério interior ao mistério" (DURRWELL).

O NT atesta a presença do Espírito em toda a vida de Jesus (cf. Mt 1,18.20; Mt 3,13-17; Mc 1,9-11; Lc 1,35; Lc 3,21-22). Maria se encontra grávida "pelo Espírito Santo" (Mt 1,18). João Batista testemunha que Jesus é o eleito de Deus porque o Espírito desce e permanece nele (cf. Jo 1,32). O messianismo de Jesus se manifesta quando sobre ele desde o Espírito Santo no Jordão, depois do qual ele se apresentará como o ungido de Deus, apropriando-se das palavras de Isaías 6,1: "O Espírito do Senhor está sobre mim, porque ele me consagrou pela unção" (Lc 4,18). E, do batismo em diante, exercerá todas as suas atividades movido pelo Espírito Santo (cf. At 10,38). Ele será sempre o "cheio do Espírito Santo" (Lc 4,1). **Tendo recebido o Espírito Santo, Jesus começa sua vida pública como messias sob seu impulso, realizando a obra do Reino a ele confiada pelo Pai.** A presença do Espírito Santo em Jesus continua durante toda a sua vida. Ele agirá movido e sustentado pelo Espírito (cf. Mt 12,28). Na cruz, entregar-se-á ao Pai em virtude de um Espírito Eterno (cf. Hb 9,14) e será ressuscitado na força desse mesmo Espírito que o constituirá, na ressurreição, Filho de Deus com poder (cf. Rm 1,4). Os tempos messiânicos se aproximarão com a efusão do Espírito Santo pelo Senhor ressuscitado (cf. At 1,16ss.).

A Escritura mostra o Espírito como o "agir onipotente e amoroso de Deus", em quem são feitas todas as suas obras. Se todas as obras divinas acontecem no Espírito, a obra de Deus por excelência, a geração do Filho, não poderia se dar fora do Espírito. Para o apóstolo Paulo, Jesus "estabelecido Filho de Deus com poder, por sua ressurreição dos mortos, segundo o Espírito de santidade" (cf. Rm 1,3-4). Jesus, por sua ressurreição, torna-se plenamente o Filho de Deus em nossa humanidade. Paulo repete o mesmo argumento em Rm 8,11: "E se o Espírito daquele que ressuscitou Jesus dentre os mortos habita em vós, aquele que ressuscitou Cristo Jesus dentre os mortos dará vida também a vossos corpos mortais, mediante seu Espírito que habita em vós". Paulo atribui a ressurreição de Jesus e a nossa ao poder de Deus (cf. 2Cor 13,4), ou seja, ao Espírito. Quando ressuscita Jesus, Deus manifesta sua ação poderosa (Cf. Ef 1,18-22). O Espírito vivifica Jesus (1Pd 3,18).

Jesus, salvador em sua humanidade, torna-se o mediador do dom do Espírito, mas ele deve voltar ao Pai, viver no seio do Pai, a fonte do Espírito, para que possa enviar o Espírito. "No entanto, eu vos digo a verdade, é de vosso interesse que eu parta, pois, se não for, o Paráclito não virá a vós. Mas se for, enviá-lo-ei a vós" (Jo 16,7). **No Evangelho de João, Jesus é o depositário do Espírito (cf. Jo 1,32-34); tendo voltado a sua glória, envia de junto do Pai o Espírito. Quando sua humanidade foi glorificada, ele se tornou a salvação dos homens, porém, para que a salvação chegasse a todos, ele precisava enviar o Espírito.** O fruto da ressurreição consiste exatamente na efusão do Espírito (cf. Jo 20,19-23). Não se compreende, assim, o Espírito sem Jesus; ele é "o Espírito de Jesus", "o Espírito do Filho", "o Espírito de Cristo", "o Espírito do Senhor" (cf. Fl 1,19; Gl 4,6; Rm 8,9; 2Cor 3,17). Procede do Pai e do Filho, como diz o Credo Niceno. O dom do Espírito Santo no NT se destina à consumação da obra salvífica de Jesus, ao perdão e à misericórdia. **Sua ação no mundo conduz à plena verdade de Jesus, ajudando-nos a esclarecê-la para nossos dias, por isso ele é Senhor que dá a vida, porque nos comunica a própria vida do Senhor Jesus, a vida divina, única verdadeira que nos salva.** O pecado contra o Espírito Santo se compreende, assim, como total fechamento ao amor e ao perdão que nos vêm pelo Espírito Santo.

O Espírito em nossa vida

A novidade da vida cristã se encontra na participação na morte e ressurreição de Jesus, que torna o ser humano filho de Deus. **Embora a salvação signifique também o perdão dos pecados, é mais do que isso, porque inclui a entrada no próprio mistério da Trindade por intermédio de Cristo e do Espírito.** Deus é o Pai de Jesus por geração e, também por geração, torna-se Pai dos fiéis. O Pai gera Cristo nos fiéis pelo Espírito e eles se tornam seus filhos, filhos no Filho. Jesus, enquanto primogênito, foi gerado primeiro para se tornar irmão de muitos (cf. Rm 8,29). Quem foi batizado no Cristo se revestiu de Cristo (cf. Gl 3,26). O fiel, pelo batismo, reveste-se da imagem do homem novo, que, por sua vez, é a imagem do próprio criador (cf. Cl 3,9-10). **Para o evangelista João, a ação do Espírito se revela criadora; o cristão transforma-se em filho mediante um novo nascimento. Ele nasce "da água e do Espírito" (Jo 3,5).** O Espírito é a graça de Deus em nós e o conteúdo dessa graça é Jesus Cristo, o Filho de Deus. O Espírito nos torna filhos e filhas de Deus ao nos configurar ao Filho.

Os escritos paulinos relacionam o Espírito, poder operante de Deus na história, com a caridade, ainda que não os identifique. A caridade é derramada em nosso coração pela efusão do Espírito (cf. Rm 5,5). Quem caminha segundo o Espírito, caminha na caridade, (cf. Rm 8,4; Ef 5,2), plenitude da Lei (cf. Rm 13,10; Gl 5,14), vínculo da perfeição (cf. Cl 3,14), virtude final (cf. 1Cor 13,13). O trabalho do Espírito nos abre para Deus e para os semelhantes. A vida cristã se caracterizará por um serviço aos outros (cf. Gl 5,14), assim como fez Jesus (cf. Mc 10,45). **A identidade cristã, portanto, entendida como filiação divina**

e participação na vida trinitária, assume, na prática, as feições da fraternidade e da promoção da justiça a favor dos pobres. Na justiça, encontra-se a mais alta expressão do amor e a realização do Reino de Deus. O Espírito garante a ação de Deus a favor dos pequenos, porque ele ama os que ninguém ama, os últimos e os distantes. Por isso é chamado "Pai dos pobres" na invocação do "Veni, Sancte Spiritus". **A injustiça destrói a fraternidade, a definitiva utopia cristã. O Concílio de Niceia testifica que ele "falou pelos profetas", ou seja, por intermédio daqueles que denunciaram o pecado e a injustiça no meio do povo.** Ele não só falou, mas continua falando nos profetas de nosso tempo, naqueles que anunciam com sua vida e suas palavras os valores do Reino: paz, justiça, liberdade, fraternidade, tarefa de todo cristão batizado que participa da missão profética de Cristo.

A vida de Jesus está impregnada da presença do Espírito Santo, do nascimento à ressurreição. O grande dom de sua ressurreição é exatamente o Espírito Santo, que atualiza para nós a presença de Jesus. No batismo, o Espírito nos configurou a Cristo e se tornou o motor de nossa vida cristã. O que chamamos "graça de Deus" se identifica com a presença do Espírito em nós, ele é Deus em nós, e o conteúdo dessa graça é o próprio Cristo. Graças a presença do Espírito, nossa vida pode expressar Jesus e seu Reino. A grande obra de Deus na vida de Maria aconteceu por obra do Espírito Santo. Entre Maria e o Espírito Santo aconteceu uma sinergia, ou seja, uma comunhão de vontades. E nós, acolhemos o Espírito Santo? Nossa vida reflete seus dons pelo amor, pela paz, justiça, fraternidade? Uma vida inspirada pelo Espírito expressa Cristo e sua proposta de salvação para a humanidade.

14

CREIO NA SANTA IGREJA CATÓLICA

Por que existe a Igreja?
Em que sentido é uma, santa, católica e apostólica?
E por que afirmamos que ela é santa e pecadora?

A Igreja Católica

O Credo narra a história da salvação, o diálogo salvífico que Deus Pai, Filho e Espírito Santo estabeleceu com o ser humano. O Credo, no entanto, não se limita à história da salvação ancorada na Trindade. Ele manifesta também o surgimento de pessoas crentes que acolhem a salvação de Deus e se tornam suas testemunhas na história. No Credo, encontramos três protagonistas inseparáveis. O primeiro é o "eu". Cada cristão professa sua fé na primeira pessoa: Creio. Mas a fé pessoal não surge do nada, mas na Igreja, que a transmite ininterruptamente. **O "Eu creio" supõe o "Nós cremos". Se outros não tivessem crido antes, nós também não poderíamos crer. Nós cremos como e na Igreja.** Há, enfim, o terceiro protagonista, que, às vezes, passa despercebido: a humanidade inteira, porque a ela se destina a salvação. "Não há, debaixo do céu, outro nome dado aos homens pelo qual devamos ser salvos" (At 4,11-12).

O crente jamais está sozinho em sua profissão de fé, está sempre inserido em uma comunidade sem a qual sua confissão perderia consistência. Na liturgia batismal, toda a comunidade responde à pergunta do presidente da celebração: "Credes? Nós cremos". A confissão de fé atesta a pertença à comunidade dos crentes, à Igreja. Por isso o Credo traz a confissão de fé "na Igreja". Isso não quer dizer que nossa seja quaternária: creio no Pai, no Filho, no Espírito Santo e na Igreja. **É muito diferente crer em Deus e crer na Igreja, porque essa não ocupa o lugar de Deus, não é absoluta. Creio na Santa Igreja Católica significa que "eu creio em comunhão com a Igreja e eu creio o que a Igreja crê".** Creio na Igreja enquanto sacramento da salvação e do Reino de Deus.

Em Jesus, Deus se fez presente no mundo como seu salvador e libertador. A Igreja é extensão do mistério de Cristo, mantendo na história a presença salvadora de Jesus. A graça de Cristo está na Igreja, enquanto presença social e histórica da autocomunicação salvífica de Deus em Cristo e no Espírito. **A Igreja nasce no mistério pascal, é fruto da ressurreição de Cristo que se entrega ao Pai por nós e envia o Espírito Santo sobre os homens para conservá-los unidos na fé e no testemunho de seu Reino (cf. Jo 20, 19-23; At 2).** O Credo une o Espírito à Igreja: "Creio no Espírito Santo, na Santa Igreja Católica". A Igreja surge como o lugar a partir do qual o Espírito age no mundo e na história. Cabe-lhe reunir homens e mulheres ao redor do Ressuscitado. O Espírito, poder de Deus em ação, convoca os seres humanos para viverem da vida do Ressuscitado. Ele age na Igreja para fazer transparecer no mundo o sonho do Reino: a paternidade de Deus em relação aos homens que ele salva em seu Filho Jesus.

O Espírito faz a Igreja antecipar na história a fraternidade que Deus deseja para homens e mulheres, seus filhos muito amados. Assim, ela se torna "ícone da Trindade", tornando visível a comunhão do Deus amor. Não por acaso, o Credo é chamado "símbolo", cujo sentido etimológico significa "reunir", "ajuntar", "agrupar", "aproximar". **O Credo reúne, em um só texto, as afirmações essenciais da fé. Mas também reúne os cristãos pelo sinal da cruz, pela oração, a partilha eucarística, a leitura das Escrituras, os sacramentos, os ministérios.** Só proclama o Credo quem recebeu o Espírito e pertence à comunidade dos cristãos. Aliás, ele cria comunhão entre os cristãos de ontem e de hoje, entre os vivos e os mortos.

Proclamamos o Credo na e como Igreja. Por isso ele pertence à ação litúrgica. Não seria correto separá-lo do espaço comunitário de sua proclamação. Quem compreende o sentido profundo do Credo se inicia na vida da comunidade cristã. **E, quem se inicia na vida da comunidade cristã, proclama com ela o Credo. Mas quem proclama o Credo não deve se esquecer de seu terceiro protagonista, a humanidade inteira.** Esse "nós" da comunidade humana se encontra em duas partes do Credo niceno: "E por nós, homens, e para nossa salvação desceu dos céus e se encarnou pelo Espírito Santo". "Por nós" significa "por todos os seres humanos", não só para os cristãos. Outra afirmação: "Por nós foi crucificado". O Credo atesta um vínculo de solidariedade com toda a humanidade e uma esperança universal de salvação. Ele dá voz à humanidade inteira. O sujeito que confessa sua fé pelo Credo o faz, em certo sentido, em nome da humanidade; em união com ela, confessa a salvação de Deus para todos.

A salvação a qual todos são chamados e que se manifestará no fim, os crentes a reconhecem desde agora, antecipadamente. Os cristãos não se compreendem como a única família de Deus. **A Igreja se configura como aquela parte da humanidade consciente de sua filiação divina por integração a Cristo pelo Espírito. Mas todos os seres humanos são filhos de Deus, e a salvação da qual a Igreja é sacramento se encontra nas outras igrejas cristãs, que também pertencem a Cristo, e, ainda, em outras tradições religiosas.** Se Deus só quisesse a salvação dos cristãos não seria um Deus de amor e misericórdia. O Concílio Vaticano II reconheceu essa verdade que mudou a relação da Igreja com outras igrejas cristãs e outras tradições religiosas (NA 1; AG 7, 9; LG 16; GS 22).

Igreja una, santa, católica e apostólica

O credo mais longo acrescenta estes quatro atributos à Igreja. **Ela é una e católica, ou seja, a mesma Igreja de Cristo se encontra espalhada pelo mundo. Ele quer salvar a humanidade, e a Igreja se espalha como sacramento dessa salvação.** A pequena comunidade a que cada cristão pertence faz parte da única Igreja católica, porque ela é universal. Nela há o ministério petrino, o ministério do Papa que preside toda a Igreja na caridade (cf. Jo 21,17; Mt 28,18-20). Ele é seu pastor supremo, símbolo de sua unidade. Em cada diocese há um bispo que preside aquela igreja particular; em cada paróquia, um presbítero. Há outros ministérios na comunidade cristã que a constroem e a sustentam.

O batismo postula igualdade fundamental entre todos os membros da Igreja. Os ministérios são funcionais, da ordem do serviço. O Papa é responsável pela unidade de todos os ministérios, como sucessor de Pedro. **A unidade da Igreja não significa, no entanto, uniformidade. Tem mais a ver com comunhão. A sã pluralidade faz parte da Igreja e contribui para que ela seja, de fato, católica. O Espírito atua criando comunhão e não eliminando as singularidades.** Ele faz a Igreja ser a mesma para além de fronteiras nacionais, políticas, raciais, sociais, culturais, econômicas. Jesus é seu único Senhor e Salvador, seu desejo inclui a humanidade inteira: "Que todos sejam um" (Jo 17,21).

A Igreja é santa, não porque seus membros sejam santos. Ao contrário, desde o início houve a consciência de que a Igreja é santa e pecadora. Também não podemos pensar que na Igreja há os santos e os pecadores, dividindo-a em dois blocos: o bloco dos bons e o dos maus. Todos somos, em alguma medida, pecadores necessitados de conversão. **A santidade da Igreja vem de sua pertença a Deus que a quer como sacramento da salvação realizada por seu Filho Jesus. A presença de Jesus santifica a Igreja e o Espírito santifica os cristãos fazendo-os participar da santidade de Jesus.** Santidade significa acolhida da graça de Deus. A graça é o Espírito e o conteúdo da graça é Jesus, o Santo. A Igreja reúne pecadores perdoados, agraciados pela misericórdia de Deus que não se julgam proprietários da graça, mas reconhecem tê-la recebido com puro dom da bondade divina.

A Igreja é apostólica, o que quer dizer que nasceu do testemunho dos apóstolos, os quais foram chamados por Jesus para segui-lo e participar de sua missão. Apóstolos

que testemunham a vida e a ressurreição de Jesus (cf. At 1,15-26). A Igreja crê no que os apóstolos disseram de Jesus: que ele nasceu de Maria, já na idade adulta se tornou o profeta do Reino de Deus, foi condenado à morte na cruz pelas autoridades judaicas e romanas, morreu e foi ressuscitado pelo Pai no poder do Espírito Santo. Esse mistério pascal de Jesus desponta como o clímax da história da revelação e salvação de Deus. A Igreja jamais abandona os ensinamentos dos apóstolos. A Igreja apenas os interpreta para os tempos de hoje. **A revelação e a salvação continuam na Igreja e no mundo por obra do Espírito, mas sempre dependente da revelação testemunhada pelos apóstolos, constitutiva para a fé cristã.** Os apóstolos são, assim, os alicerces da Igreja por sua pregação e testemunho singular da vida, morte e ressurreição de Jesus.

Hoje, alguns dizem: "Jesus sim, Igreja não". Quem pensa dessa maneira não suporta as imperfeições e os pecados que existem na Igreja. Outros a identificam com a hierarquia (padres e bispos). Mas a Igreja são todos os batizados, filhos e filhas de Deus. A Igreja não pertence mais aos padres e bispos do que aos cristãos batizados, filhos e filhas de Deus. Não há dignidade maior para um cristão, seja ele padre ou bispo, do que ser filho de Deus. A Igreja é o Santo Povo de Deus. Sua santidade vem da presença nela de Cristo, o "Cordeiro de Deus que tira o pecado do mundo". O Espírito reúne a comunidade em torno de Cristo. Não obstante seus pecados, a Igreja será sempre a esposa de Cristo, sacramento de salvação para o mundo. Quem cultiva uma fé profunda, jamais abandona a Igreja por causa de pecados e escândalos, pois Cristo não abandona sua Igreja, mas nela continua se oferecendo como graça salvadora e misericórdia para o mundo.

15

CREIO NA COMUNHÃO DOS SANTOS

Em que consiste a santidade?
Somente os santos canonizados são santos?
Que significa ser santo no dia a dia da vida cristã?

A comunhão dos santos

A santidade aparece nas Sagradas Escrituras como atributo essencialmente divino. Quando se refere a Deus, a santidade expressa sua essência pessoal, sua divindade, sua absoluta transcendência, apontando para o mistério mais íntimo de sua pessoa. Significa que Deus é por si mesmo, não recebendo de nenhum outro seu próprio ser. **O termo santidade diz da incomparável dignidade de Deus, razão pela qual deve ser adorado. Quanto às criaturas, sua santidade acontece à medida que Deus lhes comunica sua santidade, pois Ele se dá em generosidade convidando à comunhão com ele.** "Agora, se ouvirdes a minha voz e guardardes a minha aliança, sereis para mim uma propriedade peculiar entre todos os povos, porque toda a terra é minha. Vós sereis para mim um Reino de sacerdotes, uma nação santa" (Ex 19,5-6). **Jesus Cristo, por sua**

vez, é o Santo de Deus por excelência. Deus e homem, Jesus Cristo, o Filho, reflete o Pai em toda a sua existência. Ele é o mediador de santificação por intermédio do Espírito Santo. Nele, Deus pôs seu olhar e sua complacência: é altar da aliança, sacerdote, templo, vítima, culto a Deus, caridade, mediador. Jesus é santo em todos os níveis de sua existência: ontológico, cultual, moral, psicológico (cf. Ef 1,3-14).

A comunhão dos santos não diz respeito, em primeiro lugar, aos cristãos, mas às "coisas santas". Em latim e em grego, *communio sanctorum* aceita duas traduções, dependendo de como se interprete o genitivo: masculino ou neutro. Se no masculino, o termo se refere a pessoas, se no neutro, às "coisas santas", que parece ser o sentido primordial da expressão. "Coisas santas" diz respeito ao divino, ao Santo por excelência que, para nós, se expressa na "comunhão de pessoas" que o próprio Deus é enquanto Trindade. Quando digo que Deus são três pessoas, afirmo que ele é essencialmente relação. E é para que estejamos em relação com ele e com os outros que se entrega a nós no Espírito, o santificador, que age na Igreja, criando a comunhão dos santos.

Na celebração da eucaristia, a ação do Espírito torna Cristo presente na comunidade celebrante e nas espécies do pão e do vinho. A Igreja se reúne em torno do Ressuscitado, o Santo de Deus, em quem o Espírito santifica os cristãos, fazendo a aliança de Deus com seu povo no AT se intensificar em uma nova aliança. O mesmo texto de Ex 19 reaparece, agora em um contexto bem mais amplo, no NT: "Mas vós sois uma raça eleita, um sacerdócio real, uma nação santa, o povo de sua particular propriedade, a fim de que proclameis as excelências daquele vos chamou das trevas para sua luz maravilhosa" (1Pd 2, 9).

Todas as pessoas são, em certo sentido, santas, porque são criadas por Deus. Essa santidade é ontológica, porque o fundamento da existência de cada ser humano é Deus. A criação de Deus participa de sua santidade, sobretudo o ser humano criado a sua imagem e semelhança (cf. Gn 1,26). No batismo, os cristãos recebem a graça de pertencer a Cristo e a missão de testemunhá-lo. São chamados por Deus, não por causa de suas obras, mas do desígnio de sua graça. **Justificados no Senhor Jesus com o batismo, pela presença do Espírito, tornam-se verdadeiros filhos de Deus e partícipes da natureza divina e, por isto, são santos (LG 40).** "Nele nos escolheu antes da fundação o mundo, para sermos santos e irrepreensíveis diante dele no amor" (Ef 1,4). **E o Espírito Santo une aqueles que ele configura a Cristo, fazendo a *communio sanctorum* ultrapassar a existência terrena e se estender à eternidade, unindo os que vivem em Cristo na história e aqueles que já estão na glória.** Segundo o Concílio Vaticano II, "todos quantos são de Cristo, tendo seu Espírito, congregam-se em uma só Igreja e nele estão unidos entre si (cf. Ef 4,6). Em vista disso, a união dos que estão na terra com os irmãos que descansam na paz de Cristo de maneira nenhuma se interrompe, ao contrário, conforme a fé perene da Igreja, vê-se fortalecida pela comunicação dos bens espirituais" (LG 49).

A comunhão entre os cristãos, os santos, não se dá somente no nível do afeto e do bem querer, mas no nível de uma caridade orgânica, criada pelo Espírito Santo, que torna real a união entre os fiéis e que faz de todo o corpo uma unidade (cf. Ef 4,15-16; 1Cor 12,12-13). O pessoal e o comunitário não se contradizem, ao contrário, o fortalecimento de um repercute no outro. **Quanto**

mais o cristão se une a Cristo, mais se faz irmãos dos demais. A comunhão é bem mais que afinidades, é compromisso ético de uns com os outros, pois todos estão em Cristo. O Espírito Santo é comunhão entre o Pai e o Filho. O Espírito Santo une todos os cristãos, seguindo o modelo da comunhão trinitária. A graça se traduz na comunhão de pessoas, porque cria relação amorosa. Ela nos enriquece de uma riqueza na qual não possuímos nada só para nós mesmos, porque nos tornamos seres abertos, doados.

Assim é o Cristo ressuscitado que se tornou Amor e pura doação de si. Somos como Jesus, que deu a vida por todos. O cristão não vive e morre só para si mesmo (cf. 2Cor 5,14-15). A graça de cada um é destinada aos outros, porque o Espírito faz de cada um de nós um ser aberto e doado e aqui se encontra a raiz da comunhão dos santos, que ultrapassa, inclusive, os limites da Igreja, pois ninguém permanece dela excluído, uma vez que todos foram criados em Cristo e para Cristo (cf. Cl 1,16; 1Cor 8,6). O amor desinteressado caracteriza a vida cristã, o que pertence a um cristão pertence a todos, em uma circulação entre os membros do corpo de Cristo. **A comunhão dos santos, mais que teoria, é uma verdade a ser experimentada no compromisso com a construção do Reino da fraternidade universal.** Eis a utopia cristã da qual a Igreja é sacramento (LG 1): comunhão entre todos os seres humanos no amor, na paz, na liberdade, na solidariedade.

Intercessão dos santos

A beatificação e a canonização por parte da Igreja não fazem os santos, apenas reconhecem oficialmente que aquele cristão ou aquela cristã está na glória e se pode recorrer a sua intercessão em um culto de devoção, não de adoração, pois só adoramos a Deus. Há critérios para a beatificação e a canonização. **O mais importante é a vivência das virtudes cristãs. Isso significa que o cristão beatificado ou canonizado foi fiel a sua vocação cristã, foi verdadeiro seguidor de Jesus.** A caridade se revela a virtude por excelência, e a santidade se encontra no amor aos irmãos, especialmente ao mais abandonado (cf. Mt 25,31-46). A Igreja, ao beatificar e canonizar, confessa as maravilhas que Deus realizou naqueles homens e naquelas mulheres. A vida de cada santo se torna mensagem atual que ilumina nossa caminhada e nosso agir. Sua trajetória foi interpretação viva da Palavra de Deus e desperta em nosso coração o desejo da fidelidade a essa mesma Palavra que Cristo continua a nos dirigir. Por isso o Papa escolheu o nome de São Francisco, porque seu exemplo ainda ilumina a vida da Igreja mais de 800 anos depois de sua morte. São Francisco mostra que o caminho do cristão e da Igreja passa pela humildade, simplicidade, pelo desapego das grandezas e vaidades do mundo e significa serviço solidário aos mais pobres e necessitados.

Os santos estão em Cristo, portanto envolvidos em sua comunicação de amor ao mundo por meio da Igreja. A intercessão dos santos invoca simplesmente a salvação única que Deus quer nos dar. Eles intercedem para que o plano de salvação, o Reino de Deus, realize-se no mundo, como rezamos no prefácio da oração eucarística dos santos: "Pelo testemunho admirável de vossos Santos e Santas, revigorais constantemente a fé da Igreja, provando vosso amor para conosco. Deles recebemos o exemplo, que nos estimula na caridade, e a intercessão fraterna, que nos ajuda a trabalhar pela realização de vosso Reino".

Embora haja santos canonizados, todos os cristãos são chamados à santidade, que significa a fidelidade à vocação batismal. A santidade se realiza sobretudo em uma vida de seguimento de Jesus Cristo, em que se procura viver os valores do Reino (justiça, paz, liberdade, fraternidade). A santidade está no amor a Deus e aos irmãos. A comunhão dos santos significa que os cristãos e todos os seres humanos são uma família destinada a uma vida de comunhão que ultrapassa a história, chegando à eternidade. O papa Francisco apresenta aos cristãos o desafio da santidade: "Não tenhas medo de apontar para mais alto, de te deixares amar e libertar por Deus. A santidade não te torna menos humano, porque é o encontro da tua fragilidade com a força da graça" (*Gaudete et Exsultate*, n. 34).

16

CREIO NA REMISSÃO DOS PECADOS

O pecado muda o plano de salvação de Deus?
O que diz o Credo sobre o pecado e a misericórdia?
E o que o pecado tem a ver com o batismo?

A remissão dos pecados

O Espírito Santo garante a santidade da Igreja porque torna presente nela Jesus Cristo, no qual o Pai tudo criou e em quem o Espírito tudo santifica. Ele cria a comunhão dos santos, que só existe por causa da graça misericordiosa de Deus. Esse artigo de fé do Credo nasceu no contexto da prática batismal da Igreja primitiva. Por isso o Credo Niceno esclarece: "Professo um só batismo para a remissão dos pecados". O batismo, para os primeiros cristãos, marcava uma mudança radical de vida, uma transformação profunda, por isso havia, e ainda há, o catecumenato, longa preparação para o batismo, que exige conversão verdadeira a Cristo por iluminação do Espírito. O batismo se destaca como o grande sacramento do perdão e da misericórdia em vista da adesão sincera a Cristo. Jesus deixa a seus seguidores o Evangelho e, segundo Mateus, ordena aos apóstolos: "Ide, portanto, e fazei que todas as nações se tornem discípulos; batizando-as em nome do Pai, do Filho e do Espírito Santo" (Mt 28,19).

O batismo faz dos seres humanos membros da Igreja, corpo de Cristo e realiza sua filiação divina por meio do banho da regeneração (cf. Tt 3,5). Marcados em nome da Santíssima Trindade, os cristãos entram em comunhão com o Pai, o Filho e o Espírito Santo. Por meio desse sacramento, participam do mistério pascal de Cristo, são sepultados e ressuscitados com ele (cf. Rm 6,4; Ef 2,5-6). **O batismo realiza na vida da pessoa o mistério pascal, fazendo os batizados passarem da morte e do pecado à verdadeira vida em Cristo. No início da Igreja, esse era o sacramento do perdão dos pecados.** Quem buscava o batismo se arrependia de seus pecados, convertia-se, recebia o perdão e sua vida se transformava. A experiência mostrou ao cristão, no entanto, que, mesmo depois do batismo, ele continuava necessitado de conversão e de perdão. Afinal, a conversão acontece no dinamismo da vida, sempre cheia de altos e baixos.

Quando o batismo – possível somente aos adultos no início da Igreja – começou a ser conferido às crianças, por razões culturais e teológicas, ganhou força o sacramento da reconciliação, que renova a graça batismal por meio do perdão dos pecados cometidos depois do batismo. Como dizia Tertuliano, o sacramento da confissão "é uma tábua de salvação depois do naufrágio". No entanto a Igreja jamais perdeu a convicção que a existência cristã exige novo nascimento, garantido pelo batismo, porque "ser cristão é sempre o resultado de uma virada da existência humana que se afasta da autossatisfação da vida desatenta para *converter-se*. Nesse sentido, o batismo continua sendo o início de uma conversão que se estende pela vida afora, sendo o sinal básico da existência cristã, lembrado pela expressão *remissão dos pecados*" (Ratzinger-Bento XVI). A Igreja não nasce apenas do desejo de se agrupar em torno de Cristo e sua mensagem; ela nasce da graça de Deus que, ao entrar na vida dos seres humanos, provoca transformação e os integra a uma comunidade que também deve ser recebida como um dom.

A misericórdia de Deus

A existência do pecado está atestada no AT: "Iahweh viu que a maldade do homem era grande sobre a terra, e que era continuamente mau todo desígnio de seu coração" (Gn 6,5-6). Os Salmos falam de um pecado que ultrapassa o povo de Israel: "Estão todos desviados e obstinados também: não, ninguém age bem, não, nem um sequer" (Sl 14,3). A história de Israel se caracteriza por uma aliança sempre rompida pelo povo e sempre restaurada por Javé. A pecaminosidade atinge a todos; nem mesmo os líderes mais admiráveis escapam: Abraão, Jacó, Moisés, Davi, Salamão. **Criado à imagem e semelhança de Deus para estar em comunhão com ele, com os semelhantes e com as criaturas, o ser humano se afasta pelo fechamento em si mesmo.** Todo pecado se resume na recusa da amizade com Deus e com os semelhantes, pela busca orgulhosa e egoísta dos próprios interesses. Pecar é se fechar para o amor a Deus e aos irmãos. O contrário do amor não é propriamente o ódio, mas o egoísmo.

No NT, Jesus denuncia a atitude pecaminosa do ser humano (cf. Mt 7,11; 12,34.39.45). O pecado brota do coração, do núcleo mais profundo do ser. Os males vêm do interior (cf. Mc 7,20-23). João fala do pecado do mundo. Como estrutura cósmica criada por Deus, o mundo é bom, mas as opções históricas do ser humano o transformaram em um reino do pecado (cf. Jo 1,10-11). Sobre o acontecimento histórico da vinda de Jesus, o evangelista sentencia: "Ele era a luz verdadeira que ilumina todo homem; ele vinha ao mundo. E estava no mundo e o mundo foi feito por meio dele, mas o mundo não o reconheceu" (Jo 1,9).

Mas nenhum pecado é capaz de fazer Deus desistir do ser humano. Quando o povo exclama: "Iahweh me abandonou, o Senhor esqueceu de mim"! O Senhor responde: "Por acaso uma mulher se esquecerá de sua criancinha de peito? Não se compadecerá ela do filho de seu ventre? Ainda que as mulheres se esquecessem eu não me esqueceria de ti. Eis que te gravei nas palmas da mão" (Is 49,14-16). A eleição de Deus se revela dom absolutamente gratuito (cf. Dt 7,6-8; 9,4-6; 10,14-15). Trata-se de um amor que a Bíblia descreve de maneira comovedora (cf. Ez 16). **Deus nunca deixa de amar o ser humano, porque sua essência é amor e sua onipotência se manifesta no amor e na misericórdia.** Ele apenas não constrange o ser humano a amá-lo, respeita sua liberdade e, quando perdoa, perdoa não apenas um ato isolado de infidelidade, mas o ser humano cuja responsabilidade está implicada em seus atos. O ser humano, apesar de seu pecado, encontra-se sempre sob o apelo de Deus para que se converta e encontre a verdadeira vida (cf. Jr 31,31-34; Ez 36,24-28). Tal conversão envolve o esforço humano, mas é sempre fruto da graça de Deus; cada pessoa conta com Deus para livrar-se de sua culpa (cf. Jr 2,22).

O auge do amor de Deus ao ser humano se encontra na encarnação, vida, morte e ressurreição de seu Filho Jesus Cristo. "Deus tanto amou o mundo que lhe deu seu Filho unigênito, para que não morra quem nele crê, mas tenha a vida eterna" (Jo 3,16). Jesus anuncia o Reino, que é paz, justiça, fraternidade e misericórdia; pura graça, cuja iniciativa vem somente de Deus. Tal graça é oferecida a todos, mormente aos pecadores. O ser humano permanece livre para aceitá-la, convertendo-se; ou recusá-la, persistindo no egoísmo. **As parábolas da misericórdia revelam a predileção divina pelos pecadores. Jesus prefere os menos dignos de serem amados porque são os que mais precisam de seu amor.** A salvação não se encontra na fuga e no desejo de uma vida emancipada e distante da casa paterna, mas no regresso humilde à casa do Pai, que, longe de humilhar o filho pecador, se alegra enormemente de poder perdoá-lo e tratá-lo com misericórdia, devolvendo-lhe a dignidade perdida: "Ele estava ainda longe, quando seu pai viu-o, encheu-se de compaixão, correu e lançou-se-lhe ao pescoço, cobrindo-o de beijos" (Lc 15,20). Jesus se comporta exatamente segundo o que ensina; une perfeitamente teoria e prática: ele come com os pecadores, gesto simbólico que significa comunhão de mesa e de vida. Tal gesto provocou reações contrárias (cf. Mc 2,15-16; Lc 15,2). Porém assim é o Reino, feito de misericórdia e bondade: os pecadores são os preferidos; os últimos são os primeiros; os menores, os maiores (cf. Lc 9,48). O Reino é feito de debilidade, gratuidade, não de força, poder, sucesso, prestígio.

O papa Francisco tem insistido na misericórdia. Em seu livro-entrevista, "O nome de Deus é misericórdia", exalta a misericórdia como o atributo mais próprio de Deus, sempre disposto a perdoar o ser humano quando nele encontra verdadeiro arrependimento. E sentencia: "A misericórdia será sempre maior do que qualquer pecado, ninguém pode impor um limite ao amor de Deus que perdoa. Se olharmos para ele, se apenas levantarmos o olhar humilde sobre nosso eu e sobre nossas feridas e deixarmos pelo menos uma pequena abertura à ação de sua Graça, Jesus faz milagres também com nosso pecado, com aquilo que somos, com nosso nada, com nossa miséria" (Papa Francisco). E se somos perdoados, também não podemos negar o perdão a quem nos ofende, como rezamos no Pai-nosso: "Perdoai-nos as nossas ofensas, assim como nós perdoamos a quem nos tem ofendido". A Pedro, que pergunta a Jesus se deve perdoar o irmão que peca contra ele até sete vezes, o Mestre responde: "Não te digo até sete, mas até setenta vezes sete" (cf. Mt 18,21-22), ou seja, assim como o de Deus, o perdão dos cristãos só é autêntico ser for incondicional.

Alguns teólogos afirmam que o "pecado original" poderia ser definido como "egoísmo potenciado". A Bíblia sempre apresenta o pecado como resultado da recusa da salvação por parte do ser humano. Mas o pecado não é da essência do ser humano, vem de sua história de liberdade. O pecado, quando acontece, não deve conduzir o cristão ao desespero, mas à confiança na misericórdia de Deus. Santa Teresa de Ávila dizia: "É mais fácil eu me cansar de pecar do que Deus se cansar de me perdoar". E o sacramento da reconciliação existe em vista da misericórdia. O papa Francisco tem palavras belíssimas sobre a misericórdia de Deus: "O perdão é sinal mais visível do amor do Pai, que Jesus quis revelar em toda a sua vida. Não há página do Evangelho que possa ser subtraída a esse imperativo do amor que chega até o perdão.

Até os últimos momentos de sua existência terrena, ao ser pregado na cruz, Jesus tem palavras de perdão: 'Pai, perdoa-lhes. Eles não sabem o que fazem' " (Francisco, p. 8).

17

CREIO NA RESSURREIÇÃO DA CARNE, NA VIDA ETERNA. AMÉM

A ressurreição é sobrevivência da alma?
O que diz a Igreja sobre a ressurreição dos seres humanos?
E o que seria a vida eterna?

A ressurreição da carne

A fé na ressurreição dos mortos constitui um dos fundamentos de nossa esperança, sem o qual nossa adesão a Cristo perderia consistência. Sua fundamentação bíblica é mais que evidente: "Se não há ressurreição dos mortos, também Cristo não ressuscitou. E, se Cristo não ressuscitou, vazia é nossa pregação, vazia também é vossa fé. Acontece mesmo que somos falsas testemunhas de Deus, pois atestamos contra Deus que Ele ressuscitou a Cristo, quando de fato não ressuscitou, se é que os mortos não ressuscitam" (1Cor 15,13-15). O apóstolo é incisivo: "Se temos esperança em Cristo somente para esta vida, somos os mais dignos de compaixão de todos os homens" (1Cor 15,19). Mas como entender a ressurreição dos mortos? O *como* da ressurreição é assunto complicado, embora haja consenso sobre o essencial.

A antropologia dualista, que separa corpo e alma, distancia-se da visão bíblica de ser humano e gera uma concepção superficial da ressurreição. **A crença na salvação da 'alma', separada do corpo, leva a erros grosseiros. O corpo seria apenas habitação provisória da alma, que o deixaria no momento da morte.** A ressurreição de Jesus, no entanto, revela-nos que a totalidade de seu ser, de sua pessoa, foi recriada por Deus no Espírito. E assim se dará conosco. Se só a alma ressuscitasse, a corporeidade do ser humano, que constitui sua identidade, perderia seu valor. A história se tornaria teatro inútil, sem ligação real com a transcendência. **Ressurreição da carne significa simplesmente ressurreição do ser humano, da pessoa em sua essência e sua história de amadurecimento nesta vida.**

Na linguagem bíblica, carne diz respeito à humanidade. "E toda *carne* verá a salvação de Deus" (Lc 3,6). O termo *alma* entrou para a teologia por meio da filosofia grega, mas no cristianismo adquiriu novo significado. **A originalidade do ser humano se encontra em sua abertura à transcendência, por isto ele é alma, ou seja, sua vida não se reduz à dimensão físico-biológica, mas a transcende, projetando-o para a eternidade.** Mas ele também é corpo, ou seja, um ser histórico, temporal, que participa da materialidade do mundo. Enquanto interlocutor de Deus, sua vida se destina à comunhão definitiva com Deus e não cessa com a morte.

O apóstolo Paulo não fala da ressurreição da alma, mas do corpo: "Com efeito, é necessário que este ser corruptível revista a incorruptibilidade e que este ser mortal revista a imortalidade" (1Cor 15,53). **O corpo, que na história se caracteriza por uma porção de matéria fisicamente**

definível, se transformar-se-á em uma realidade nova, que se situa para além de sua materialidade. Corpo designa a totalidade do ser humano, não apenas sua materialidade. A pessoa é ressuscitada por Deus, não seu organismo biológico, afinal "o que é corruptível não pode herdar a incorruptibilidade" (1Cor 15,50). A ressurreição da carne que professamos no Credo postula que o ser humano será transformado desde sua identidade mais profunda, o que necessariamente inclui sua corporeidade, a partir da qual se comunica com Deus e com as pessoas. A fórmula maior do Credo afirma essa convicção de maneira mais simples: "espero a ressurreição dos mortos". A opção pela palavra carne se deve a uma visão filosófica que desprezava o corpo e afirmava a primazia da alma sobre o corpo, o que se mostra contrário à visão cristã do corpo.

A vida eterna

O destino do ser humano se encontra na plena comunhão com Deus Pai e com os irmãos. Filiação e fraternidade, que caracterizam a existência cristã, apontam para a eternidade, que não é outra vida, mas a vida de comunhão histórica com Deus e com os irmãos em sua dimensão de plenitude. A entrega do cristão ao Pai pelo Filho no Espírito e aos irmãos se consumará na morte, que tornará definitiva a comunhão com Deus. **Se o batismo configura o ser humano a Cristo em seu mistério pascal, tornando-o filho de Deus por graça do Espírito, só na morte o batismo alcançará seu efeito total.** Os cristãos, desde o batismo, estão em Cristo pelo Espírito, mas seu encontro com Cristo se encontra, ainda, no futuro, porque eles o reencontrarão no momento da morte. Santo Inácio de Antioquia, a caminho do martírio, afirmava: "Aproxima-me o meu renascimento (...). Deixem que eu receba a pura luz, quando eu tiver chegado lá, serei verdadeiramente homem". Inácio constata que sua humanidade se consumará em seu encontro definitivo com Cristo, só então o Espírito terminará de configurá-lo a Cristo, o homem cabal, imagem do próprio Deus.

Para São Paulo, os cristãos vivem uma tensão escatológica, ou seja, sua existência se dá na história e, ao mesmo tempo, projeta-se para o futuro da comunhão com Deus. Eles vivem a vida de Cristo (cf. Gl 2,20; Fl 1,21; Cl 3,4) e participam de sua ressurreição (cf. Cl 2,12; Ef 2,5.6), porém essa sua nova vida (cf. Rm 6,4.11) se encontra ainda em um corpo mortal (cf. Rm 8,11), permanece escondida com Cristo em Deus (cf. Cl 3,3-4). Estão em Cristo e Cristo está neles (cf. Rm 8,1.10; 2Cor 13,5), foram introduzidos com Cristo nas esferas celestes (cf. Ef 2,5.6; Cl 3,1), porém estão ainda em um exílio longe do Senhor (cf. 2Cor 5,6), desejando estar junto dele (cf. 2Cor 5,8; Fl 1,23; 1Ts 4,17). Estão já redimidos, porque foram liberados do poder das trevas e transferidos para o Reino do Filho (cf. Cl 1,13-14; Tt 2,14), porém o dia da redenção e a plena libertação estão projetados para o futuro (cf. Ef 4,30; Rm 8,23). Sentem-se salvos em razão do que foi realizado neles, porém têm de se dizer salvos em esperança (cf. Rm 8,24; Fl 3,20; Tt 3,6.7), e precisam caminhar na fidelidade comprometida com a esperança (cf. Rm 5,3-4). O apóstolo está convencido de que a existência cristã culmina na comunhão imediata com Cristo. Ele mesmo carrega essa esperança. Se por um lado não foge das exigências e fadigas da missão, por outro não esconde "o desejo de morrer e estar com Cristo", o que lhe parece muito melhor, apesar de preferir continuar vivendo porque "é mais necessário para vosso bem" (cf. Fl 1,23-14).

Por meio da morte, o cristão entra definitivamente no mistério pascal de Cristo. Ele permanece unido a Cristo em sua oferta ao Pai pelo Espírito. "No céu, os seres humanos têm sua morada no Cristo que habita a Trindade, nele eles vivem do Pai no Espírito Santo. O céu é, ao mesmo tempo, crístico e trinitário" (DURRWELL). A Trindade acolhe em seu próprio mistério de amor aqueles que responderam com amor a sua oferta de comunhão e presença. "O amor jamais passará" (cf. 1Cor 13,8). A participação no mistério eterno do amor se traduz em uma suprema alegria, que ultrapassa todas as alegrias terrenas, uma vez que realizamos o próprio sentido de nossa vida: amar para sempre a Deus e aos irmãos. **Na comunhão com a Trindade, o amor eterno que nos criou por amor e para amar, encontra-se o sentido pleno de nossa existência. O céu é também a consumação do Reino de Deus que Jesus inaugurou: paz, justiça, liberdade, fraternidade**. A ressurreição de Jesus, vítima inocente, expressa não somente o poder de Deus sobre a morte, mas o poder de Deus sobre a injustiça que faz vítimas e manifesta a realidade de Deus, que toma partido pelos crucificados da história. Por isso o céu significa a vitória das vítimas inocentes. Mas o céu é o que Deus quer para todos: "ele quer que todos os homens sejam salvos e cheguem ao conhecimento da verdade" (cf. 1Tm 2,4). Participar da comunhão com Deus e os irmãos exige conversão sincera e aceitação da lógica de Deus, lógica do amor, da bondade e da misericórdia. Essa é a fé que professamos no Credo e que acolhemos como graça. Amém!

Os cristãos, como já dissemos, respeitam as outras tradições religiosas que defendem a doutrina da reencarnação. No entanto, de acordo com a Bíblia e o ensinamento da Igreja, os seres humanos vão ressuscitar como Cristo ressuscitou. E a ressurreição consiste na plena participação, iniciada no batismo, na morte e ressurreição de Jesus para a plena comunhão com Deus e os irmãos (vida eterna). Sobre as questões últimas, entretanto, **só podemos ter uma palavra penúltima**, o que quer dizer que não é possível fazer uma descrição jornalística da vida eterna. Para os cristãos, seria suficiente acreditar que a vida eterna realiza plenamente a vida cristã na comunhão com Deus e com os irmãos e as irmãs.

CONCLUSÃO

Procuramos mostrar, ao longo do livro, que o Credo resume o conteúdo da fé cristã, baseando-se nos ensinamentos do NT, cuidadosamente guardados pela Igreja em sua longa tradição. A fé tem sempre duas dimensões inseparáveis. Primeiramente, há o ato de fé ou a fé *pela qual se acredita*, que a Igreja chama de *fides qua*. Esse significado da fé se traduz na adesão pessoal a Deus, que demanda decisão pessoal e consciente. Pela fé, aderimos a Deus e não a doutrinas ou conceitos. A fé nos faz entrar em uma relação pessoal com Deus, interpretando nossa vida, a história e o mundo a partir de Deus. A fé tem, ainda, uma segunda dimensão, igualmente importante, que a Igreja chama de *fides quae*, ou seja, a fé *na qual se acredita*, o conteúdo da fé, a doutrina à qual também se adere pela fé. Para os cristãos, o conteúdo da fé se encontra em Jesus Cristo, em quem Deus se revelou plenamente à humanidade. Por um lado, cremos em Cristo, aderimos a ele com nossa subjetividade, por outro, acolhemos os ensinamentos do Evangelho e da Igreja, a comunidade de Jesus. A tradição da Igreja se realiza em tudo aquilo que ela celebra, vive e transmite ao longo dos séculos. Na tradição viva da Igreja descobrimos a fé e a revelação de Deus.

Às vezes temos uma tendência a formular um conceito de Deus e depois projetá-lo em Jesus, o que nos faz correr o risco de esquecer sua humanidade. A Igreja nos propõe um caminho diferente: ir a Deus por intermédio de Jesus. Se Deus se revelou à humanidade em e por intermédio de Jesus, ele nos dirá quem é Deus, quem somos nós no projeto de salvação de Deus, o que significa a história humana, qual o lugar da Igreja nessa história e em que consiste o futuro absoluto da humanidade. Jesus nos revela, por exemplo, que Deus é comunhão amorosa de três pessoas: o Pai, o Filho e o Espírito Santo. Cada uma delas tem sua personalidade, mas estão unidas no amor em uma essência. Não são três deuses, mas um Deus em três pessoas. Nossa imagem de Deus não é abstrata, porque a deduzimos da vida e dos ensinamentos de Jesus, o Filho de Deus.

A riqueza da revelação se mostra tão vasta que o magistério da Igreja reinterpreta sempre seu conteúdo para nossos dias, por meio dos documentos dos Papas, por exemplo. E a teologia, enquanto ciência que estuda o conteúdo da fé, não cessa de aprofundar as dimensões da revelação, com métodos científicos confiáveis. O mais importante da fé, no entanto, não está em seu estudo acadêmico, e sim em sua vivência personalizada e concreta. Os cristãos que têm fé em Jesus expressam, em sua vida, os valores do Reino que Jesus anunciou e realizou com sua vida, morte e ressurreição: a paz, a fraternidade, a justiça e a liberdade. Jesus nos revelou que o projeto de Deus se resume na filiação divina e na fraternidade, ou seja, são todos filhos e filhas de Deus, por graça do Espírito. Participando da filiação de Jesus, os cristãos se empenham na construção da fraternidade universal. Parece um sonho ousado e quase impossível, mas cada cristão é convidado a viver o amor a Deus e ao próximo no contexto bem concreto da vida. Quanto mais o cristão se abre ao Espírito em sua relação com Jesus, mais se torna filho do Pai e mais se doa aos irmãos no amor desinteressado, seguindo o exemplo de Jesus, que não veio para ser servido, mas para se servir e dar a vida pela salvação dos seres humanos (cf. Mc 10,45).

O Credo reúne os conteúdos principais da fé. Mas ele se configura também como uma proposta de vida. Pelo Credo, afirmamos que cremos em Deus, criador de tudo e de todos. Ele sustenta nossa vida com seu amor de Pai, um amor que também se mostra maternal, fonte de felicidade e alegria. No Pai se encontra o horizonte último da história e da existência humana. Quem nos disse que Deus é Pai foi Jesus Cristo, Filho unigênito do Pai, que se encarnou no seio virginal de Maria para nossa salvação. Por isso nós cremos em Jesus, Filho de Deus, plenamente Deus e plenamente homem. Em sua vida se realiza o projeto salvífico de Deus e é ele o maior dom de Deus Pai à humanidade; por causa disso foi gerado no seio de Maria no Espírito Santo, poder amoroso de Deus em ação. Cremos que no Espírito Jesus cumpriu sua missão até sua entrega ao Pai na Cruz por amor à humanidade. O pai não ficou indiferente à vida e morte de seu Filho, mas o ressuscitado para nossa salvação. Então ele não só morreu por nós, mas também ressuscitou por nós. E de junto do Pai, glorificado em nossa humanidade, Jesus nos enviou o Espírito Santo, para que estejamos sempre em comunhão com ele e possamos continuar no mundo sua missão salvífica, como discípulos e discípulas. Cremos, ainda, que Jesus permaneceu fiel ao Pai, padecendo sob Pôncio Pilatos, morrendo e sendo sepultado. Seu percurso humano realmente aconteceu na história, não é invenção da Igreja. Jesus existiu de fato e há provas históricas de sua existência. Embora tenha morrido e sido sepultado, ele não foi destruído pela morte e pelos poderes que se opõem ao projeto de Deus. Cremos que que Ele foi ressuscitado pelo Pai, ou seja, Deus esteve com ele o tempo todo e ele era, de fato, seu Filho amado que manifestou e realizou na história dos seres humanos a salvação. Com a ressurreição, Deus Pai deu razão a Jesus, confirmando seus ensinamentos sobre o Reino de Deus, reino de amor e misericórdia, sobretudo para os mais pobres e abandonados.

Cremos também que Jesus se manifestou ressuscitado a seus discípulos, confiando-lhes a missão de anunciarem, no Espírito Santo, a Boa-nova do Evangelho. Cremos que ele virá, no último dia, que não sabemos calcular, de junto do Pai, como Juiz dos vivos e dos mortos, para julgar os seres humanos e a história, segundo o critério do amor e com misericórdia. Cremos, ainda, que o Espírito Santo é Deus, agindo amorosamente na Igreja e no mundo para que a verdade de Jesus seja reconhecida e vivida. Somos chamados a nos abrir a suas inspirações, no seio da comunidade fundada por Jesus para ser sacramento de sua presença no mundo, a Igreja. Por meio da Igreja, vivemos em comunhão com todos os que Deus santifica, vivos e mortos. Por mais que sejamos pecadores, cremos que Deus oferece a todos os que se arrependem o perdão dos pecados por intermédio da Igreja. Cremos que a vida humana não termina com a morte, vencida por Jesus. A morte corporal não tem a última palavra, uma vez que a vida continua junto de Deus, em uma dimensão de plenitude que envolve todo o nosso ser. A morte não é o fim, mas o nascimento definitivo para Deus. Por isso cremos na vida eterna, destino último do ser humano e da história.

BIBLIOGRAFIA

BALTHASAR, H. U. V. *Il Credo*. Meditazioni sul Credo Apostolico. Milano: Jaca Book, 1991.

BÍBLIA DE JERUSALÉM. Nova edição, revista e ampliada. São Paulo: Paulus, 2003.

CARRARA, P. S. *Elevatio entis ad Patrem*. A oração de Jesus e do cristão à luz do mistério pascal na teologia de François-Xavier Durrwell. Belo Horizonte: O Lutador, 2014.

CATECISMO DA IGREJA CATÓLICA. São Paulo: Loyola, 2000.

COMPÊNDIO DO VATICANO II. Petrópolis: Vozes, 1983.

CRANFIELD, C. E. B. *O Credo dos Apóstolos. Uma fé que orienta*. São Paulo: Loyola, 2008.

DURRWELL, F. –X. *L'Esprit du Père et du Fils*. Paris: Médiaspaul, 1989.

DURRWELL, F. –X. *O Pai, Deus em seu mistério*. São Paulo: Paulinas, 1990.

DURRWELL, F. –X. *Jésus Fils de Dieu dans l'Esprit Saint*. Paris: Desclée, 1997.

FRANCISCO, Papa. *Carta Apostólica Evangelii Gaudium*. Exortação apostólica sobre o anúncio do Evangelho no mundo atual. São Paulo: Loyola, 2013.

FRANCISCO, Papa. *Carta encíclica Laudato Si'*: sobre o cuidado da casa comum. São Paulo: Loyola, Paulus, 2015.

FRANCISCO, Papa. *Exortação apostólica Gaudete et Exsultate*: sobre o chamado à santidade no mundo atual. São Paulo: Paulus, 2018.

FRANCISCO, Papa. *Carta encíclica Fratelli Tutti*: sobre a fraternidade e a amizade social. São Paulo: Paulus, 2020.

FRANCISCO, Papa. *O nome de Deus é misericórdia*. Uma conversa com Andrea Tornielli. São Paulo: Planeta, 2016.

FORTE, B. *Introdução à fé*. Aproximação ao mistério de Deus. São Paulo: Paulus, 1994.

FOSSION, A. *O Deus desejável*. Proposição da fé e iniciação. São Paulo: Loyola, 2015.

GONZÁLES FAUS, J. I. *Confio*. Comentário ao Credo cristão. Petrópolis: Vozes, 2015.

KONINGS, J. *Ser cristão*. Fé e prática. 6ª Edição. Petrópolis: Vozes, 2003.

RATZINGER, J. *Introdução ao cristianismo*. Preleções sobre o Símbolo Apostólico. São Paulo: Loyola, 2006.